Christiane Durer
TAMALITA

Christiane Durer

TAMALITA

Erzählung aus einer wirklichen Welt

Artur-Kutscher-Platz 4, 80802 München
089-33019163 / September 2004
www.tamalita.de

Illustration: Christiane Durer
Lektorat: Leonie Zimmermann
Beratung: Tillmann Roeder
Satz: AB multimedia GmbH, Oberding
Druck und Bindung: Frühmorgen & Holzmann, München

ISBN: 3-9809688-6-3

An einem ganz gewöhnlichen warmen Sommernachmittag spazierte ein Student der Physik durch die Londoner Regent Street, direkt am Picadilly Circus. Autos hupten, Kinder lachten, Verliebte schlenderten Händchen haltend dahin und Geschäftsleute hasteten im Sonnenlicht durch die Straßen.

Der Name des Studenten war Manuel Goldberg und er war auf dem Weg zur Universität. Er war schlank, mittelgroß und trug einen Anzug aus feinster Seide. Schon daran sah man, dass er kein armer Student war. Im Gegenteil: Manuel Goldberg genoss das Privileg, Sprössling einer der angesehensten Künstlerfamilien Londons zu sein. Doch das kümmerte ihn wenig. Die Hände tief in die Hosentaschen vergraben, stapfte er gedankenversunken dahin und wirkte unter dem tief in die Stirn gezogenen Sommerhut fast ein wenig melancholisch. Dies entsprach auch seinem Gemütszustand, denn Manuel durchlebte soeben die hoffnungsloseste Minute seiner Existenz. Sein Leben erschien ihm nämlich ganz und gar sinnlos – und das, obwohl er ein sorgenfreies Dasein führte und sogar einer der beliebtesten jungen Männer der Londoner Universität war.

Ganz ernsthaft fragte sich Manuel in jener Minute, wozu all die Mühen des Lebens gut sein sollten, wo es doch ganz offensichtlich war, dass ständig irgendwelche Dinge passierten, die man gemeinhin *Schicksal* nannte. Man musste nur jeden Tag einen Blick auf die Schlagzeilen der Zeitungen werfen, um zu erkennen, dass es das Schicksal gab. Der Gedanke, irgendeiner anonymen Willkür ausgeliefert zu sein, deprimierte Manuel am allermeisten. Was, wenn man gegen das Schicksal wirklich nichts, aber auch gar nichts unternehmen konnte? Und was, wenn alles, was geschah, vollkommen sinnlos war?

Er kam an einem Theater vorbei und warf einen Blick auf die bunten Plakate. Auf dem Programm stand »Der Sturm« und in großen handgeschriebenen Lettern war über den Premieren-Fotos zu lesen: »Wir sind aus solchem Stoff, aus dem die Träume sind ...«

Vielleicht war dies ja die Antwort auf sein Problem. Manuel betrachtete kurz die Fotos und ging dann rasch weiter. Einen Augenblick lang bedauerte er sehr, dass die Relativitätstheorie Einsteins nicht real erlebbar war – oder die Heisenberg'sche Unschärferelation, er fand nämlich, dass dann die Welt gewiss nicht ganz so trist aussehen würde.

Während er seinen Gedanken nachhing, bemerkte er in der Ferne ein junges Mädchen: Ihr langes, lockiges Haar war blond; sie hatte es zu einem

Pferdeschwanz gebunden, der auf ihrer linken Schulter mit jedem ihrer federnd leichten Schritte auf und ab wippte. Über die andere Schulter hatte sie ein paar rosafarbene Ballettschuhe geworfen, deren satinglänzende Bänder lustig im Wind flatterten.

Das Mädchen kam ihm direkt entgegen, und während sie fast wie in Zeitlupe an ihm vorüberging, blickte sie ihn offen und direkt an. Dies geschah genau in dem Augenblick, in dem sie den winzigen Second-Hand-Musikladen an der Ecke passierten. Eine süße, zarte Melodie erklang. Manuel verlangsamte seine Schritte.

Der Gleichzeitigkeit all dieser Begebenheiten ist es vermutlich zuzuschreiben, dass er genau in diesem Augenblick in Resonanz zu einem Geschehen in der *Nicht-Zeit* geriet und nun sehr sanft und unendlich behutsam in genau die Wirklichkeit hineingezogen wurde, die sich direkt hinter unserer physikalisch messbaren Welt befindet. Dies geschah so unmerklich, dass niemand aus der realen Welt auch nur eine Winzigkeit davon wahrnahm.

Alles war wie immer: die Autos, die durch die Straßen fuhren, die emsige Geschäftigkeit der Menschen, das Lachen der Kinder, das Dahinschlendern der Verliebten und das Hasten der Geschäftsleute im Sonnenlicht am Picadilly Circus. Für Manuel jedoch hatte sich die Welt vollkommen verändert: In einer Lichtwelt voller Farbenpracht wuchsen überall Pflanzen, Gräser und Blumen, die gar nicht aus fester Materie, sondern aus tanzenden Lichtpünktchen bestanden. Sogar die Luft schien erfüllt zu sein von winzigsten Teilchen, die aufeinander zutanzten, sich verdichteten und zu all den außergewöhnlichen Formen zusammenfügten, aus denen hier alles bestand. Gräser zogen sich geschwind zusammen und verwandelten sich in bunte Bälle, um sich dann zu riesigen Kugeln auszudehnen, die langsam und behäbig über die Landschaft rollten. Blumen wuchsen wie Spiralen in den Himmel hinein und Bäume, dick wie Kirchtürme, wiegten sich ächzend und brummend im Wind.

Manuel stand wie versteinert da und wagte kaum sich zu rühren. Ihm war, als hätte sich jede Realität – und dazu zählte auch der Boden unter seinen Füßen – innerhalb weniger Augenblicke ganz und gar aufgelöst. Vorsichtig sah er sich um. Sein Blick fiel auf ein merkwürdiges Licht-Gebilde, das beinahe aussah wie ein Koordinatensystem. Dieses bestand jedoch neben einer vertikalen und horizontalen

Achse auch noch aus zahlreichen weiteren Achsen. Ihm fiel auf, dass sich all diese Achsen ständig teilten und mit anderen Achsenteilen wieder neu zusammensetzten. Gleichzeitig tauchte eine eigentümliche Uhr auf, deren Zahlen sich auf dem Ziffernblatt ständig veränderten und verschoben.

Während Manuel staunend umhersah und sich einen Augenblick lang fragte, ob er wohl von einer seltsamen Geisteskrankheit befallen sei, bildeten sich vor seinen Augen winzige Grotten aus purem Gold, die alle um die Wette funkelten. Gleichzeitig entstand eine riesige Höhle wie aus Edelstein, die in vielen tausend Farben leuchtete. Langsam löste sich Manuels Starre und trotz seiner Furcht machte er vorsichtig einen Schritt auf die Höhle zu. Dann hielt er inne und blickte sich um. Weil nichts geschah, wagte er einen zweiten Schritt und schließlich einen dritten. Dann schaute er neugierig in die Höhle hinein. Glitzernde Kristallwände funkelten ihm entgegen und der Boden war bemalt mit kunstvollen Zeichen. Bunte Ornamente schwebten wie Lichtspiegelungen durch die Luft und er merkte, dass sie dadurch, dass sie sich bewegten, zu ihm sprachen. Überrascht stellte er fest, dass er sogar ihre Botschaft verstand. Eigentlich war es mehr wie ein inneres Vernehmen und so lauschte er, während er die Bewegungen der Ornamente beobachtete, aufmerksam in sich hinein. In diesem Augenblick verstand er, dass dies der Ort war, an dem die großen Geheimnisse geboren und die schwierigsten Rätsel der Welt gelöst wurden. Ungläubig lachte er auf. Was für eine Wunder-Welt!

Er wandte sich um und streckte seine Hand aus, um eine Lichtblume zu berühren. Erschrocken wich er zurück, als seine Hand einfach durch sie hindurchgriff. Er hatte nur einen leichten Widerstand gespürt, so als hätte er seinen Arm in Wasser getaucht. Er berührte die Blume ein weiteres Mal, diesmal langsamer und bewusster. Genau wie zuvor spürte er den Widerstand und wieder glitt seine Hand durch die Blütenblätter hindurch. Dann vernahm er ein Geräusch und drehte sich um. Eine seltsam helle Gestalt kam geradewegs auf ihn zu.

Der junge Mann, der ihn aus olivschwarzen Augen forschend anblickte, trug einen merkwürdigen leuchtgoldenen Overall und hatte sein schulterlanges schwarzes Haar mit bunten Schnüren zusammengebunden. In der Hand hielt er ein Schwert-Schild, eine Form, die Manuel Goldberg aus der realen Welt nicht kannte. Jetzt blieb er stehen und hob die Hand. »Willkommen«, sagte er mit einem freundlichen Lächeln, »mein Name ist

Ayram. Ich bin ein Wächter dieses Landes. Die meisten Menschen nennen diesen Ort hier *das Land der Traumtänze,* denn es ist die andere Seite der Zeit.«

»Die andere Seite der Zeit?«, wiederholte Manuel statt einer Begrüßung.

»Die andere Seite der Zeit ist die *Nicht-Zeit* und damit die *unsichtbare* Wirklichkeit«, fügte Ayram erklärend hinzu.

»Verzeihung«, sagte Manuel irritiert, »wenn das hier die unsichtbare Wirklichkeit ist, dann verstehe ich nicht, weshalb ich sie *sehe …*«

Ayram lächelte. »Wahrscheinlich bist du wie die meisten Menschen einer Täuschung erlegen und glaubst, die Art und Weise, wie du die Dinge benennst, bezeichne eine feste, unverrückbare Realität. Aber das ist eine Illusion. Genau genommen sagst du mit dem, wie du die Welt beschreibst, viel weniger über die Welt aus als über dein Verhältnis zu ihr.«

»Und was bedeutet das?«, fragte Manuel benommen.

»Es bedeutet, dass die Welt ein Spiegel ist, ganz gleich, ob es sich dabei um deine Realität oder um die Welt der Träume handelt. Tatsächlich gibt es keinen Gegensatz.«

Manuels Gesichtsausdruck glich einem Fragezeichen. Was wollte Ayram mit all dem sagen? War er vielleicht in einen Traum geraten? Insgeheim hatte er eher den Eindruck, dass er gerade im Begriff war, den Verstand zu verlieren.

»Warum bin ich denn hierhergekommen?«, fragte Manuel, weil er einen Augenblick lang überzeugt war, dass es sich bei diesem Ereignis nur um ein physikalisches Missverständnis handeln konnte. »Die Frage, warum du hier bist, wird beantwortet werden durch alles, was hier geschieht«, entgegnete Ayram und sein belustigtes Lächeln war keineswegs geeignet, Manuels Beunruhigung zu mindern.

Noch während er über Ayrams Worte nachdachte, begannen sich die winzigen in der Luft tanzenden Teilchen zu hochgewachsenen Gestalten zu formen, bis er zahlreiche bunt gekleidete junge Leute erkennen konnte. Gleichzeitig erklang fröhliche Musik. Schon hielten sich die Leute an den Händen, sprangen in die Luft, umkreisten einander, hoben einander hoch, fingen einander wieder auf oder flogen davon wie Vögel und fügten sich mit harmonischen Bewegungen wieder ineinander, als wären sie alle eins. Sie tanzten um Manuel herum, fast war es, als tanzten sie durch ihn hindurch, und seine erste Verwirrung wich bald einem großen Entzücken.

»Das sind die Traumtänzer und Traumtänzerinnen«, erklärte Ayram. »Manche von ihnen sind außerdem Musiker, Dichter oder Maler. Aber der Tanz gilt hier als die wichtigste Disziplin.«

Mit großen Augen hörte Manuel dem Wächter zu. Dann fiel sein Blick auf eine Gruppe von Tänzern, die in silbrig blitzenden Anzügen durch die Luft wirbelten. »Das sind die Spiegelbilder«, sagte Ayram. »Sie drücken immer genau das aus, was jemand in diesem Augenblick denkt und fühlt. Sie zu beobachten ist eine unglaublich erkenntnisreiche Form der Unterhaltung.«

»Du meinst, alles, was sie tanzen, stellt meine Gedanken und Gefühle dar?«

»So ist es«, antwortete Ayram mit einem breiten Grinsen, denn die Spiegelbilder vollführten gerade einen Dreifach-Salto rückwärts.

Manuel nahm die Neuigkeiten staunend zur Kenntnis. Doch auch er hatte bereits die Aufmerksamkeit einiger Nicht-Zeit-Bewohner erregt. Sie kamen herbeigeflogen wie helle, zarte Blütenblätter und hörten gar nicht mehr auf, um ihn herumzuschwirren.

»Wir nennen sie die *Amorphinen*«, erklärte Ayram, und schon stob ein Dutzend dieser flinken Wesen wie ein Frühlingswind durch Manuel hindurch. »In ihrem jetzigen Zustand tragen sie die *Möglichkeiten* aller Formen in sich. Wenn jemand sie träumt, erhalten sie ihre *endgültige Form*.«

»Und welche Erkenntnis könnte man aus der Unterhaltung durch die Amorphinen ziehen?«, fragte Manuel Goldberg interessiert.

»Nun«, erwiderte Ayram, »so lange es niemanden gibt, durch dessen Traum sie ihre endgültige Form erhalten, existieren sie ja nicht wirklich. Deshalb gibt es für die Amorphinen nichts Wichtigeres, als geträumt zu werden. Dazu benötigen sie unser mehrdimensionales Koordinatensystem, da es ja viele Millionen von Wahrscheinlichkeiten und Parallelwelten gibt, in welche sie hineingeträumt werden können.« Er deutete auf das eigentümliche Gebilde, das Manuel gleich zu Beginn aufgefallen war. »Unsere Nicht-Zeit-Uhr zeigt außerdem an, in welchen Zeitepochen die jeweiligen Wahrscheinlichkeiten enthalten sind. Die meisten Kulturen sind nämlich in Wirklichkeit an andere Zeit-Systeme gekoppelt als an das, das du aus deiner Realität kennst.«

»Ich verstehe«, sagte Manuel Goldberg mit einem Blick, der das Gegenteil ausdrückte.

Doch sein Gesicht erhellte sich sogleich wieder, als er in der Ferne eine junge Frau entdeckte. Sie war eine der Tänzerinnen, und obgleich sie nicht hübsch war nach den Schönheitsmaßstäben des beginnenden dritten Jahrtausend, fand Manuel sie einfach unvergleichlich: Ihr ovales, ebenmäßiges Gesicht war ganz und gar elfenbeinfarben blass, nur die hohen Wangenknochen schienen sanft gerötet. Ihre schmalen, beinahe schlitzförmigen Augen waren von einem unergründlichen Violett und von langen, sanft gebogenen dunklen Wimpern überschattet. Das feine Rosa ihrer vollen Lippen bildete einen zarten Kontrast zu ihrem goldglänzenden Haar, das in weichen Löckchen auf ihre Schultern fiel. Doch das Bemerkenswerteste war ihr vollkommener Wuchs und die Zartheit ihrer Gestalt. Trotz ihrer atemberaubenden Weiblichkeit wirkte sie so mädchenhaft anmutig, dass Manuel der Atem stockte. Sie trug ein einfach geschnittenes Kleid, das jedoch durch die vielen Millionen Lichtpunkte wie das Kleid einer Königin erschien.

Manuel starrte sie an wie vom Donner gerührt. Irgendetwas an der Art, wie ihr Haar das Licht reflektierte, genau in dem Augenblick, als sich ihre Blicke kreuzten, sagte ihm, dass gerade etwas Ungeheuerliches geschah, etwas, das er bereits erlebt hatte und das doch weit in der Zukunft lag.

Gleichzeitig wuchs, je länger er sie betrachtete, seine Sehnsucht nach ihr und sein brennender Wunsch, sie zu berühren.

»Wer ist sie?«, fragte er aufgewühlt. »Und wie heißt sie?«

Ayram blickte Manuel von der Seite prüfend an.

»Durch sie entstehen alle Traumtänze«, antwortete er schließlich, »ihr Name ist Tamalita«.

Manuel nickte und erhob sich langsam. Dann ging er Tamalita entgegen. Dabei zitterte er innerlich so heftig, dass er sich kaum aufrecht halten konnte. Auch war es ihm nicht wie sonst möglich, abzuwägen, ob das, was er tat, richtig oder falsch war, denn in seinem Innern entstand ein so unbeschreibliches Glücksgefühl, dass er sich immer leichter und freier fühlte und schließlich sogar zu tanzen begann. Mehr und mehr empfand er, dass dies die Stunde war, auf die er sein ganzes Leben lang gewartet hatte: Tamalita und er tanzten aufeinander zu, auf Straßen ohne Anfang und Ende, Straßen, die aus unendlichen Welten kamen und die sich *endlich* berührten – an diesem einen Punkt *jetzt* zwischen Zeit und Ewigkeit. Es war jener Augenblick, in dem Manuel Goldberg begriff, dass er zum ersten Mal in seinem Leben liebte.

Dann standen sie einander gegenüber.

»Ich grüße dich, Träumer«, sagte Tamalita und nur Ayram bemerkte, dass ihre Lippen dabei ein ganz klein wenig zitterten.

»Wir Nicht-Zeit-Bewohner sind so glücklich über deinen Besuch.«

»Danke«, antwortete Manuel Goldberg verwirrt, »ich danke dir, doch ich weiß nicht einmal, wie ich hierher gekommen bin ...«
Tamalitas Lachen war so hell und fröhlich wie das Lachen eines jungen Mädchens. »Natürlich weißt du es, du hast es nur für kurze Zeit vergessen. Dies ist geschehen, damit dich das Wissen nicht daran hindert, unsere Welt kennen zu lernen. Wenn du

möchtest, werden wir dir das ganze *Land der Traumtänze* zeigen. Du wirst es lieben, denn es ist voller Schätze und Magie.«

»Danke«, erwiderte Manuel ein weiteres Mal und verbeugte sich sogar, »ich möchte wirklich gerne alles kennen lernen ...«

»Dann lass uns gleich damit beginnen«, schlug Tamalita vor und ergriff seine Hand. »Ich verspreche dir, dass du nicht enttäuscht sein wirst.«

Ehe Manuel über Tamalitas Worte nachdenken konnte, stürmten die Traumtänzer wie auf ein unsichtbares Zeichen hin herbei, fassten ihn an den Händen und zogen ihn auf einen hell erleuchteten Platz. Dann begannen sie um ihn herum zu tanzen. Die Tänzerinnen drehten sich im Kreis und die Wächter sprangen mit gewaltigen Sprüngen hoch. Alles ging so schnell, dass Manuel kaum begriff, was geschah. Wohin er auch blickte – überall sah er nur noch fliegende Kleider, fliegende Haare und fliegende Körper. Dann wurde er selbst hochgehoben und so lange durch die Luft geschleudert, bis es für ihn immer schwieriger wurde, oben und unten zu unterscheiden. Genau erkennen konnte er nur, dass sich die Traumtänzer, je wilder und intensiver sie tanzten, in andere Wesen verwandelten. Manche in Zauberer oder Prinzessinnen, andere in Könige oder Hexen. Hilfe suchend blickte er sich um und bemerkte Tamalita neben sich. Sie lächelte ihm ermutigend zu, reichte ihm die Hand und sprang mit ihm zusammen auf einen Baumwipfel, wo sie auf einem einzigen einzelnen Blatt eine liebreizende Pirouette drehte. Dann flog sie mit ihm leichtfüßig über die Flüsse und Wälder wieder davon. Mit großen Augen beobachtete Manuel, wie aus den glitzernden Nicht-Zeit-Höhlen Wildpferde und Glücksdrachen direkt in den Himmel hineingalloppierten. Staunend stellte er auch fest, dass durch den Tanz ganz neue Farben und Formen entstanden, die sich zu völlig neuen Landschaften zusammenfügten – jetzt, während des Tanzens, konnte er die winzigen Lichtpunkte, aus denen alles bestand, sogar noch deutlicher erkennen. Eigentlich sah es so aus, als öffneten sich immer mehr Schichten der »Wirklichkeit«, die unter der sichtbaren »oberen« Schicht verborgen waren, genau wie beim Entwickeln einer Fotografie.

Der Tanz mit den Traumtänzern wurde immer ausgelassener und wilder. Sie alle tanzten und drehten sich, hüpften und sprangen und für Manuel war es, als wären sie wie Kinder, die einfach über alle Begrenzungen des Lebens hinwegfliegen.

Dann war die Musik zu Ende. Überrascht stellte Manuel fest, dass sich in der Zwischenzeit ein riesiger Wasserfall gebildet hatte, der direkt aus dem Himmel herabfiel. Allerdings bestand der »Wasserfall« nicht aus Wasser, sondern, wie fast alles in der *Nicht-Zeit*, aus Licht. Trotzdem fiel Manuel auf, dass das Wasserfall-Licht außergewöhnlich glitzerte.

»Dies ist *das Geheimnis.*« erklärte Tamalita und deutete auf die Säule aus Licht, während sich die Traumtänzer auf dem blumenbewachsenen Boden niederließen und gespannt auf Manuels Reaktion warteten.

Unschlüssig machte Manuel einen Schritt auf das Lichtgebilde zu und betrachtete es eingehend. Dann umkreiste er es langsam und untersuchte es noch intensiver. Als er es vorsichtig mit der Hand berührte, stellte er fest, dass es sich sehr viel dichter anfühlte als die Blume, die er bei seiner Ankunft berührt hatte. Dies lag vermutlich daran, dass der Wasserfall viel größer war. Und daran war doch nun wirklich nichts Geheimnisvolles, dachte er bei sich, obwohl er – bei genauer Betrachtung – von so viel Geheimnisvollem umgeben war, dass diese Überlegung ein rechter Unsinn war.

»Ich weiß nicht, was du meinst«, erklärte er schließlich.

Im Hintergrund hörte er die Amorphinen kichern und für einen Augenblick fühlte er sich wie ein dummer Schuljunge.

Tamalita legte ihre Hand auf seinen Arm. »Vielleicht kannst du es besser erkennen, wenn du es so ansiehst, als wolltest du durch eine Nebelwand hindurchsehen.«

Als Antwort krauste Manuel demonstrativ die Nase und blinzelte heftig.

Tamalita lächelte ihm ermutigend zu: »Du kannst auch hineingehen.«

Aufgeregt stolperte Manuel in die Licht-Säule hinein. Im Innern war sie so strahlend, dass er die Hand vors Gesicht halten musste, um die Helligkeit ertragen zu können. Doch noch bevor seine Augen sich daran gewöhnt hatten, konnte er das Licht *fühlen*. Er spürte ganz genau, wie es an ihm hinabglitt. Genau genommen war es sogar, als würde es durch ihn hindurchfließen.

Und dann *sah* er, was Tamalita und Ayram gemeint hatten: Die Licht-Säule bestand aus Bildern! In den vielen Millionen, ja Milliarden von Lichtpunkten waren winzig bunte Bilder erkennbar und das Erstaunlichste war, dass jedes dieser Bilder das ganze Universum zeigte: die Erde mit ihren Städten, Flüssen und Wäldern, Manuels Zuhause in London, aber auch die Milchstraße, ja sogar andere Galaxien, und natürlich das »Land der Traumtänze«.

»Ein Hologramm!« rief Manuel überrascht. »Einfach genial!«

Er trat aus der Licht-Säule und betrachtete sie noch einmal von außen.

»Ich kann es sehen!« rief er begeistert. »Es gibt nur ein einziges Bild. Und in jedem Punkt ist das *ganze* Bild enthalten. Ein wundervolles Kunstwerk!«

Begeistert strahlte er Ayram und Tamalita an.

»Du hast es noch nicht richtig verstanden«, entgegnete Tamalita. »Dies ist *das Geheimnis*.«

»Wenn nur die Realität ebenso großartig wäre«, rief Manuel inbrünstig, »voller Geheimnisse und Licht.«

»Es gibt zwischen deiner Realität und unserer Lichtwelt keinen Unterschied«, erwiderte Tamalita, »diese Seite der Wirklichkeit ist keine andere oder gegenteilige Welt, du siehst nur mehr davon.«

»Du meinst, das Universum ist aufgebaut wie ein Hologramm?«

Manuel war hingerissen. Oh, welch wunderbare Möglichkeiten würden sich ihm eröffnen, wenn er erst einmal als Physiker arbeitete.

»Es gibt nur *eine* Wirklichkeit«, bestätigte Tamalita.

»Und in Wirklichkeit«, rief Manuel, »gibt es Zeit und Nicht-Zeit genauso wie Traum und Realität. Und alles ist in allem enthalten?!«

»Ja«, sagte Tamalita leise, »auch *du* bist darin enthalten.«

Nachdenklich blickte Manuel vor sich hin. Was Tamalita sagte, berührte ihn tief. Und es erinnerte ihn an etwas, das lange zurückzuliegen schien.

»Wir sind aus solchem Stoff, aus dem die Träume sind ...«, murmelte er leise und Tamalita nickte zustimmend.

»Dieser Stoff«, sagte sie dann, »ist *das Muster*. Es durchdringt alles, so wie der Sauerstoff eure Erde durchdringt. Hier in der Nicht-Zeit entsteht *das Muster* aus unserem Tanz, denn Tanz ist Bewegt-Sein aus dem Inneren. Unser Tanz ist die Freude darüber, dass ihr und wir eins sind. Denn in Wirklichkeit sind wir nicht getrennt ...«

Ehrfürchtig hörte Manuel zu. Er konnte nicht genau verstehen, was Tamalita sagte, aber er spürte, dass es wichtig war. Sogar wichtiger als die Erkenntnisse der Wissenschaft. Aber natürlich ahnte er nicht, dass alles, was Tamalita gerade sagte, ihn auch auf das größte Abenteuer seines Lebens vorbereitete.

»Ohne den Tanz der Traumtänzer und Traumtänzerinnen gäbe es nichts, was Leben ist«, fügte Tamalita fast beschwörend hinzu, »denn unser Tanz ist das Leben. Würden wir aufhören zu tanzen, gäbe es kein Leben mehr. Vergiss das niemals, Träumer ...«

Mittlerweile war das Licht immer leuchtender und intensiver geworden, weil sich immer mehr Traumtänzer und Tänzerinnen zu ihnen gesellt hatten. Neugierig starrte Manuel sie an, denn nach den Maßstäben der Realität sahen sie alle sehr außergewöhnlich aus. Besonders beeindruckten ihn die Wächter, die in ihren strahlend-weißgoldenen Anzügen mehr Autorität ausstrahlten als die gesamte englische Nationalgarde. Ein bisschen unheimlich jedoch fand er die Spiegelbilder, was sicher daran lag, dass ihre silbern blitzenden

Overalls unentwegt seinen mentalen Zustand widerspiegelten. Besonders bezaubernd aber fand Manuel die Traumtänzerinnen, die in fließend zarte pastellfarbene Stoffe gehüllt waren. Sie wirkten wie lustige Elfen, die immer guter Laune sind. Manche der Nicht-Zeit-Bewohner trugen auch Musikinstrumente mit sich, Bilder oder Bücher. Daran konnte Manuel erkennen, wer Musiker, Dichter oder Maler war. Staunend betrachtete er auch die Amorphinen, die unentwegt ihre Form veränderten, weil sie – wie Ayram ihm erklärt hatte – in Wirklichkeit ja noch gar nicht existierten.

Die Zartheit und Flüchtigkeit all dieser Wesen rührte ihn. Wenn er also in der Realität beweisen müsste, dass es die Nicht-Zeit-Welt gab, dann würde er es tun. Allerdings hatte er keine Idee, wie er es anstellen sollte, ohne gleich für verrückt erklärt zu werden. Nicht nur, dass alles viel zu phantastisch klang, als dass man ihm glauben würde – er musste auch zugeben, dass er mit dem, was Ayram und Tamalita ihn lehrten, nicht wirklich etwas anfangen konnte. Obwohl er spürte, dass es das Wichtigste war, was er jemals gelernt hatte, blieb ihm dessen Bedeutung verschlossen. Dass ausgerechnet ihm das passierte, schockierte ihn. Ihm, der sich nie damit zufrieden gab, dass Dinge geschahen, ohne dass er deren tieferen Sinn verstand. Und natürlich *gab* es diesen Grund, dass die Dinge so waren, wie sie waren. Eine Antwort, die alles umfasste!

Tamalita sah ihn an und lächelte so bezaubernd, dass er es fast nicht ertrug. Ihr Lächeln machte ihn glücklich und gleichzeitig schmerzte es ihn.

»Wozu öffnen Blumen ihre Blütenblätter«,
sagte sie leise und nahm seine Hand.

»Warum singt die Nachtigall ihr Lied
Gab es eine Zeit, in der wir sehend waren
Kennst du jenen Ort, an dem es
eine Antwort gibt
Wodurch platzen Qwiffs und
springen Quanten
wer hält all die Sterne in der Bahn
wie heißt das Spiel in all den Zeiten
wer hat es verursacht – und wann
gibt es eine Antwort – wann?«

Tamalitas Augen verschleierten sich und wurden noch dunkler, als sie zu tanzen begann.

»Wozu strahlen Sonnen Tag für Tag
durch tausend Universen all ihr Licht
Tachyonen tanzen durch die Zeiten
wozu – wohin – du weißt es nicht.
Geistern gleich sind tausend Galaxien
Unbegriffen ist der Zeiten Raum
vergessen hast du, was du selbst erschaffen

doch willst du dich erinnern
dann tanze deinen Traum.«

Während Manuel wie verzaubert Tamalitas Gesang lauschte, wurde das ganze Land in ein wundervoll zartrosafarbenes Licht getaucht. Tamalita tanzte auf ihn zu und strahlte ihn mit ihrem unglaublichen Lächeln an. Es war für Manuel, als lächle sie direkt in sein Herz hinein, und er empfand ein solch tiefes Glücksgefühl, dass er unvermittelt aufsprang. Er ergriff Tamalitas Hand und begann mit ihr zu tanzen. Es war das überwältigendste Erlebnis seines ganzen Lebens. Manuel spürte nämlich, dass jeder Schritt, den er machte, unmittelbar *in* ihm entstand, und jede Drehung direkt aus seinem Innern kam. Die Art, wie er Tamalita führte, sie hielt und mit ihr über die Wiesen lief, entsprang einzig und allein seinem Herzen. Er musste gar nicht darüber nachdenken, wie die Abfolge der Tanzschritte sein würde – es war, als wüsste irgendetwas in ihm ganz genau, wie er sich bewegen musste. Beinahe so, als hätte er das Tanzen schon vor Millionen von Jahren gelernt und als würden sich alle Zellen in ihm ganz von selbst wieder daran erinnern. Er hielt Tamalita stark und fest in seinen Armen, flog mit ihr sicher über die Wolken, wirbelte sie ausgelassen im Kreis herum, warf sie mit starken Armen hoch und fing sie sachte und sicher wieder auf. Manuel war hingerissen. Und das Wundervollste von allem: Während er tanzte und sang, spürte er zum ersten Mal in seinem Leben einen winzigen Hauch von Gewissheit, dass er selbst Teil eines Traums war, Teil eines wundervollen Geheimnisses.

Plötzlich durchschnitten grelldunkle spitze Schatten, begleitet von einem ohrenbetäubenden Schweigen, das ganze Land. Innerhalb weniger Sekunden hatte jemand dem Licht alle Kraft entzogen. Im Augenblick eines Wimpernschlags flüchteten die Nicht-Zeit-Bewohner in ihre Höhlen und Grotten und verschwanden.
Eisige Kälte umfing Manuel und entsetzt blickte er sich um. Das war doch nicht möglich! All das wundervolle Licht war ausgelöscht worden! Der eben noch blumenbewachsene Boden bestand nur noch aus schwarzer, verbrannter Erde, und die Kristallhöhlen wirkten wie glitschig-dunkle Schlacken – nichts war von dem *Land der Traumtänze* übrig geblieben. Und das Schlimmste: Auch Tamalita war verschwunden. Mit weit aufgerissenen Augen rannte Manuel hin und er. Abwechselnd rief er nach Ayram und Tamalita, doch er erhielt keine Antwort. In welch einen Alptraum war er nur geraten?!

Endlich entdeckte er Ayram, der ihm zusammen mit den anderen Wächtern und Spiegelbildern entgegenkam. Offenbar suchten auch sie Tamalita, denn sie riefen immer ihren Namen. Doch nur die anderen Traumtänzer kamen aus den Höhlen wieder hervorgekrochen – Tamalita blieb verschwunden.

Was um alles in der Welt hatte das zu bedeuten?

»Jemand versucht, *das Muster* von uns zu trennen«, antwortete ein Spiegelbild, das Manuels Gedanken hörte, und Manuel bemerkte, dass sich bei diesen Worten ein leichtes Grauen über alle Umstehenden legte.

»Wir haben herausgefunden, dass es eine Person ist, die mit *mechanistischen Systemen* arbeitet. Vermutlich können wir deswegen Tamalita nicht mehr finden.«

»Aber das kann doch nicht sein!«, schrie Manuel. Er rannte zu Ayram und schüttelte ihn. »Was soll das heißen, *wir können Tamalita nicht mehr finden?*«

Beruhigend legte Ayram einen Arm um seine Schulter. »Ich werde es dir erklären«, sagte er und atmete tief durch. »Du musst verstehen, was es mit dem *Muster* auf sich hat. Das *Muster* ist enthalten in allem, was ist. Es ist Teil jeder Bewegung, jedes Gedankens und jeder Berührung. Es entsteht dadurch, dass Tamalita tanzt.«

Manuel starrte Ayram verständnislos an.

»Das Muster?«

Ayram seufzte.

»Lass es mich physikalisch erklären: Stell dir vor, alles, was ist, sei farbiger Nebel im Innern einer Kugel. Die Raum-Zeit beispielsweise könnte blauer Nebel sein, die Nicht-Zeit Gelb, wieder eine andere Zeitform Grün. Natürlich gibt es auch noch andere Dimensionen als Zeit. Es gibt die Dimension der Atome, der Moleküle und der Quanten. Es gibt die Dimension des Denkens, des Empfindens und des Wissens. Es gibt unendlich viele Dimensionen. Stell dir nun vor, dass du im Mittelpunkt dieser Kugel stehst. Dann bist du umgeben von blauem Nebel, also von Zeit. Alle Zeiten sind also immer gegenwärtig – ganz egal, auf welchen Zeit-*Punkt* du gerade deine Aufmerksamkeit richtest.«

Manuel nickte langsam. So hatte er die Dinge noch nie betrachtet. Ayrams »physikalische« Erklärungen passten natürlich in keinster Weise in das Bild, das er dank seines Studiums von Raum und Zeit hatte. Einen Augenblick lang dachte er, dass er Ayrams Unterricht sogar genießen könnte, wenn Tamalita nicht verschwunden wäre.

»Genau wie von der Zeit bist du natürlich auch immer von allen anderen Dimensionen umgeben«, sagte Ayram gerade und Manuel nickte aufmerksam.

»Nun ist es so«, fuhr Ayram mit einem kleinen Lächeln fort, »dass sich durch alles Sein, also auch durch dich, das *Muster* zieht, von dem wir sprechen. Das *Muster* ist eine Information, die durch Tamalitas Tanz entsteht. Es ist die Information für alle Dimensionen und alles Sein, was genau genommen dasselbe ist. Durch Tamalitas Tanz werden die einzelnen Seins-Ebenen aktiviert und gleichzeitig miteinander verbunden. Dieses Verbunden-Werden ist dem Wesen nach *der Tanz der Träume* und gleichzeitig das, was man gemeinhin *Leben* nennt.«

Manuel Goldberg schnappte nach Luft und Ayram ließ ihm ein paar Minuten Zeit, um die Informationen zu verdauen.

»Das *Muster* ist am ehesten zu vergleichen mit der DNS, die in jeder deiner Zellen alle Informationen über dich enthält. Würde dir die Information auf deiner DNS entzogen werden, würdest du aufhören zu existieren. Wenn also Tamalita nicht zurückkehrt, werden wir vergessen, was es bedeutet zu tanzen. Wir werden nicht mehr tanzen können und so werden wir vergessen, wer wir sind.«

Obwohl Manuel Mühe hatte, Ayrams Ausführungen zu folgen, war ihm, als würde eine eiskalte Hand nach seiner Kehle greifen. Die Angst raubte ihm den Atem und er rang entsetzt nach Luft. Wie ein grässlicher Maschinenlärm dröhnte das Pochen seines Herzens laut und hässlich in seinen Ohren. Vermutlich war dies der Zustand, der einsetzte, wenn das geschah, was Ayram soeben erklärt hatte.

»Natürlich«, flüsterte Manuel leise, »und wenn es so bleibt, können die Traumtänzer nicht mehr tanzen ... und dann werden sie vergessen, wer sie sind«.

Während Manuel noch damit beschäftigt war, seine Gedanken zu ordnen, berieten die Wächter und Spiegelbilder, was weiter zu tun sei. Die Wächter hatten herausgefunden, dass die Person mit den *mechanistischen Systemen* versucht hatte, das Licht zu manipulieren. Offenbar hielt sie sich in der Nähe des Koordinatensystems auf.

Bedrückt schweigend machten sie sich auf den Weg.

Immer wieder fragte sich Manuel, ob in der Zeit wohl ebenfalls etwas Schreckliches geschehen war. Vielleicht ein Erdbeben. Oder sogar ein Krieg. Er seufzte laut und wünschte sich wohl schon zum hundersten Mal, er könnte aus diesem scheußlichen Alptraum einfach erwachen und in sein normales, geregeltes Leben zurückkehren.

»Natürlich kannst du nicht einfach von hier verschwinden«, sagte Ayram, der Manuels Gedanken gehört hatte, und lächelte zum ersten Mal wieder.

Verwundert blickte Manuel zur Seite. Dass die Bewohner der Nicht-Zeit seine Gedanken hören konnten, überraschte ihn immer wieder aufs Neue.

»Dass ich deine Fragen beantworten kann, ohne dass du sie laut aussprichst, hängt damit zusammen, dass Antwort und Frage *eins* sind«, erklärte Ayram und lächelte entwaffnend.

»Und warum kann ich nicht von hier verschwinden?«, wollte Manuel weiter wissen.

»Weil die Welt so gebaut ist, dass alles in allem enthalten ist. Eben wie ein Hologramm.« Ayram hob die Hände und zuckte mit den Schultern, um seine Unschuld an diesem Umstand auszudrücken.

»Genau wie in jeder einzelnen Zelle deines Körpers die Informationen über deinen ganzen Körper gespeichert sind, ist in jedem Elementarteilchen das *ganze* Universum enthalten. Das ist Physik. Jede Idee einer Trennung ist absurd. Alles ist *eins*. Verstehst du?«

»Ich denke schon«, antwortete Manuel, blickte aber weiterhin ratlos drein.

»Es ist ganz einfach«, sagte Ayram geduldig. »Du musst nur wissen, dass auch die Zeit holographisch gebaut ist. Deshalb ist alles, was du in der *Nicht-Zeit* erlebst, ein Prinzip. Es ist das, was in allen Zeiten und in allen Dimensionen enthalten ist, wenn du vergisst, wer du bist, und wenn wir nicht mehr tanzen können.«

Je länger sie unterwegs waren, desto häufiger begegneten sie jetzt Fremdkörpern, die jemand mitten in der Landschaft aufgestellt hatte und die wie zusammengedrücktes schwarzgeschmolzenes Blech aussahen.

»Das sind die *mechanistischen Systeme*«, erklärte ein Spiegelbild. »Wenn man sie aktiviert, können sie innerhalb von Sekunden mehrere Millionen Lichtteilchen saugen.

Manuel fand, dass die Apparaturen schon in nicht-aktiviertem Zustand wie saugende Monster wirkten, und wandte sich ab. Dann fiel sein Blick auf einen Mann. Er hatte sich gegen einen der Saugkörper gelehnt und schien sie zu erwarten. Er war von mittlerer Statur und musste um die vierzig Jahre alt sein. So ungewöhnlich die von ihm aufgestellten Saugkörper wirkten, so gewöhnlich wirkte der Mann selbst: Sein kurzes Haar war mittelbraun, seine Gesichtshaut wirkte grau und er trug normale Alltagskleidung, wie sie im London zu Beginn des dritten Jahrtausend modern war.

Manuel stieß Ayram wortlos in die Seite und machte ihm ein Zeichen.

»Das muss er sein«, sagte Ayram laut und die Traumtänzer und -tänzerinnen wandten sich dem Mann zu.

Dieser hatte die Hände immer noch lässig in seine Hosentaschen gesteckt und musterte die

Näherkommenden mit zusammengekniffenen Augen. Dann verzerrte er den Mund zu einem spöttischen Grinsen, zog aus seiner Hosentasche irgendeinen Gegenstand hervor, steckte ihn in den Mund und kaute darauf herum. In diesem Augenblick wurde Manuel siedend heiß bewusst, dass es sich bei diesem Mann um einen *Menschen* handelte.

»Haben Sie eine Ahnung, wo das Mädchen ist?«, fragte der Mann statt einer Begrüßung.

Manuels Wahrnehmung war sogleich bis aufs Äußerste gespannt. »Das müssten *Sie* eigentlich besser wissen«, antwortete er zornig. Der Mann lachte spöttisch und zeigte eine Reihe blendend weißer Zähne. Dann zog er auf höchst arrogante Weise die Augenbrauen hoch und begann mit Besitzermiene um die Saug-Formen herumzustolzieren.

»Nun«, sagte er schließlich, »Sie suchen sie. Und ich suche sie. Wo liegt das Problem?«

»Sie ist wegen der Aktivierung *Ihrer* Apparaturen verschwunden«, sagte Manuel erbost. »Sehen Sie sich doch um! Sie haben das ganze Land in eine Hölle verwandelt.«

Ein kaltes Lachen war die Antwort. »Ich bin Physiker. Man nennt mich auch *Cremec* – eine Abkürzung für *mechanistischer Creator*. Meine Apparaturen sind Gedankenformen und *mechanistische Systeme*. Ich habe sie entwickelt, um das so genannte *Muster* aus dem Ganzen zu entfernen und alles berechenbar zu machen. Genau genommen ist dies der Grund meines Aufenthaltes hier. Leider ist mein Experiment missglückt. Eigentlich wollte ich besagte Dame zu einem kleinen Ausflug einladen.«

»Sie wollten Sie töten!«, schrie Manuel wütend.

»Ts ts ts«, machte Cremec. »Töten. Nur die Dummen töten. Nein ... *Ich* will das *Muster* berechenbar machen, um daraus die perfekte Welt zu erschaffen.«

»Sie wollen uns alle zerstören!«, rief Manuel, doch Ayram machte ihm ein Zeichen, sich zu beruhigen. Dann wandte er sich an Cremec. »Sie können das Nicht-Berechenbare nicht eleminieren. Das Nicht-Berechenbare macht das Leben doch erst möglich.«

Für einen Moment wirkte Cremec verunsichert, doch dann rümpfte er die Nase.

»Dafür gibt es nicht den geringsten Beweis. Ich werde euere Traumtänzerin finden und das *Muster* aus ihr herauslösen. Dadurch werde ich das Nicht-Berechenbare aufheben und das Leben so gestalten, wie ich es für gut und sinnvoll halte – perfekt.«

»Das Leben ist aber nicht möglich ohne das Nicht-Berechenbare«, beharrte Ayram beschwörend. »Das beweist der Quantensprung.«

»Sie meinen die Elektronen, die von Umlaufbahn zu Umlaufbahn springen, ohne sich *zwischen* den Bahnen aufzuhalten?«, fragte Cremec mit einem abfälligen Lachen.

Er streckte den Arm aus und deutete auf die *mechanistischen Systeme.*

»Mittels dieser Gedankenformen werde ich in naher Zukunft in der Lage sein, all die nicht berechenbaren Ärgernisse abzuschaffen: das Auftreten von Tachyonen, Quantensprünge und jedes nicht wahrscheinliche Ereignis. Das Leben wird sehr unkompliziert sein. Es wird keine Probleme mehr geben – und keine unkontrollierte Bewegung. Sobald ich die perfekte Welt erschaffen habe, werde nur noch *ich* die Dinge bewegen.«

Dann blickte Cremec Manuel und Ayram mit größtmöglicher Geringschätzigkeit an und wandte sich schließlich wieder seiner Arbeit zu.

»Wenn er alles kontrolliert, gibt es kein Leben mehr?«, fragte Manuel ängstlich.

»Ganz recht«, stimmte Ayram besorgt zu.

»Und was passiert dann?«

»Wie soll ich es dir denn noch erklären?«, fragte Ayram resigniert. »Dieses Land ist die andere Seite der Zeit und damit ein Spiegel für deine Realität. Um konkret zu sein für *alles,* was in der Zeit geschieht. Es gibt wirklich keinen Unterschied.«

Fassungslos starrte Manuel den Wächter an. Nur langsam schien er zu begreifen. Dann begann er plötzlich zu schreien.

»Du meinst, es ist echt? Es ist nicht nur ein Traum? Aus dem ich erwache und alles ist, wie es war?«

»Ganz genau.«

Manuels Gesichtsfarbe wurde grün.

»Großer Gott.« Langsam ließ er sich auf den Boden sinken. »Und was passiert jetzt in der Zeit?«

»Zeit und Raum sind für uns nicht relevant«, sagte Ayram müde. »Es spielt hier keine Rolle, was zu einem *bestimmten Punkt* in der Zeit geschieht. Was du jetzt hier erlebst, ist nicht nur der Spiegel *eines bestimmten* Ereignisses, sondern der Spiegel *aller* Ereignisse, die die Möglichkeit der Zerstörung in sich tragen.«

Jetzt begannen Manuels Hände unkontrolliert zu zittern.

»Dann werde ich auch sterben?«

»Dann werden wir alle sterben.«

Manuel stöhnte laut auf, ließ sich zur Seite fallen und vergrub den Kopf in seinen Armen.

Ayram zuckte die Schultern, riss gedankenverloren einen Grashalm ab und zupfte daran herum.

Nach einer Weile bewegte sich Manuel wieder.

»Und warum unternehmen wir nichts dagegen?«

»Gegen was? Gegen das Sterben?«

Empört starrte Manuel den Wächter an. Wie konnte er so selbstgefällig herumsitzen und einfach an einem Grashalm herumzupfen!

»Was willst du denn machen?« fragte Ayram.

»Mit Cremec diskutieren? Ihn beschimpfen? Ihn erschießen?«

»Wir müssen Tamalita suchen«, erklärte Manuel mit kämpferischer Miene.

»Nun«, sagte Ayram und hörte nur für einen winzigen Augenblick auf, an dem Grashalm herumzuzupfen, »wenn sie nicht hier ist, obwohl in jedem kleinsten Teilchen *alles* enthalten ist, wo sollten wir sie dann deiner Meinung nach suchen?«

Benommen setzte sich Manuel auf.

»Ich habe keine Ahnung«, sagte er schließlich ratlos, nachdem er sehr lange nachgedacht hatte.

Es wurde dämmrig. Durchsichtig schmutziger Nebel legte sich über das Land und die Strahlen der untergehenden Sonne wirkten noch grauer als am Nachmittag. Das Schlimmste aber war dieser elend-modrige Geruch, der Manuel in jede Pore zu kriechen schien und immer intensiver wurde. Er hatte etwas Derartiges nie zuvor erlebt, aber er wusste, dass dies der Geruch des Grauens war, und er geriet langsam in Panik. Nur Ayrams Gelassenheit bewahrte ihn davor, einfach loszuschreien. Allerdings fragte er sich, worauf Ayram und die anderen eigentlich die ganze Zeit warteten. Es war doch nicht möglich, dass sie alle dazu verdammt waren, mitanzusehen, wie das Land der Traumtänze und damit alles Leben langsam unterging.

Unruhig trommelte er mit den Fingern auf den kahl-schwarzen Boden. Er konnte nicht verstehen, weshalb Ayram nichts gegen Cremec unternahm. Aus der Ferne beobachtete er, dass in regelmäßigen Abständen kleine schwarze Schatten aufblitzten. Offenbar arbeitete Cremec an den *mechanistischen Systemen*. Wie konnte Ayram so etwas zulassen! Er war doch ein Wächter! Wenn er weiterhin so passiv blieb, dann musste wohl er, Manuel Goldberg, die Dinge in die Hand nehmen. Auch wenn er sich kaum eine Chance gegen Cremec ausrechnete.

Entschlossen erhob er sich und rüttelte Ayram unsanft.

»Komm mit. Wir müssen endlich etwas tun.«

Cremec saß mit unzufriedener Miene auf dem mehrdimensionalen Koordinatensystem und brütete ganz offensichtlich über einem Problem. Als er Manuel und Ayram bemerkte, warf er ihnen einen unfreundlichen Blick zu.

»Ich kann den Standort des Mädchens nicht berechnen«, sagte er mit finsterer Miene und lud seinen Besuch mit einer vagen Handbewegung ein, näherzutreten.

»Sie ist einfach nicht auffindbar. Dabei haben die saugenden Schatten sie nicht einmal berührt.«

Manuel sah sich unschlüssig um und setzte sich dann auf einen von Cremecs Transformatoren.

»Muss es denn unbedingt Tamalita sein?«, fragte er angriffslustig. »Und wenn ja – warum?«

»Sie hat das intensivste Licht«, antwortete Cremec frostig, »und um weniger Licht anzuziehen, haben meine Systeme nicht genügend Energie.«

»Sie ist spurlos verschwunden«, sagte Manuel, nachdem er diese Neuigkeit verdaut hatte. »Und zwar durch dieses – *Experiment* ...«

Cremec erhob sich und deutete auf das mehrdimensionale Koordinatensystem.

»Die X-3-Achse steht für die lineare Zeit, die Y-5-Achse für die Nicht-Zeit«, erklärte er gedankenversunken, als spräche er zu sich selbst. »Irgendwo, an irgendeinem Punkt *muss* sie sein.«

Mittlerweile hatten sich mehr und mehr Nicht-Zeit-Bewohner bei den mechanistischen Systemen eingefunden. Bedrückt, aber aufmerksam lauschten sie dem Gespräch zwischen Cremec und Manuel.

Ayram wandte sich jetzt an die Spiegelbilder: »Habt ihr etwas herausgefunden?«

»Cremec hat Recht«, antwortete ein Spiegelbild »Tamalita ist *irgendwo*. Aber wir wissen nicht, an welchem Ort und in welcher Zeit. Sicher ist nur, dass sie noch mit dem *Muster* verbunden ist.«

Ayram atmete erleichtert auf.

»So lange sie mit dem *Muster* verbunden ist, können wir sie finden.«

Mehr und mehr gewann Manuel den Eindruck, dass Ayram langsam verrückt wurde. Dieser Unterhaltung konnte er doch nur entnehmen, dass Ayram mit Cremec kooperierte? Doch da sich niemand in Ayrams Vorgehensweise einmischte, beschloss er, diesen unerfreulichen Umstand vorläufig zu ignorieren. Vielleicht war es ja auch ein Trick, um Cremec in die Irre zu führen.

»Die Frage ist also nicht, *ob*, sondern *wie* wir Tamalita wieder finden können«, überlegte Ayram gerade laut.

»Wir müssen alle Zeiten und Nicht-Zeiten durchsuchen«, sagte Manuel ungeduldig. »Und auch alle Räume. Das dauert bestimmt Jahrtausende!«

»Nicht, wenn wir sie in allen Zeiten gleichzeitig suchen. Erinnerst du dich, dass ich sagte, dass Zeit vergleichbar ist mit farbigem Nebel im Innern einer Kugel? Genauso wie sich der Nebel *immer* in der Kugel befindet, existieren auch alle Zeiten *immer*.«

Er runzelte die Stirn. »Wir brauchen also eine lineare Zeitachse, auf der es möglich ist, durch alle Zeiten gleichzeitig zu reisen. Zuerst muss jedoch das Nicht-Berechenbare geschehen.«

Cremec räusperte sich laut. »Selbstverständlich beabsichtige ich nicht, Sie beide an *meiner* Expedition zu beteiligen«, erklärte er dann und ließ seine Augen gefährlich aufblitzen.

Ayram lächelte höflich. »Die Entscheidung, wer das Koordinatensystem bereist, liegt ja glücklicherweise nicht bei Ihnen.«

»Das werden wir noch sehen.«

Doch Ayram ließ sich nicht aus der Ruhe bringen. »Um an *den Ort* zu gelangen, an dem Tamalita sich aufhält«, erklärte er dann so genüsslich langsam, als handle es sich bei Cremec um einen kleinen, unartigen Jungen, »um an *den Ort* zu gelangen, bedarf es nämlich eines *Traums.*«

Es war ruhig geworden in der Nicht-Zeit. Viele lange Stunden schon saßen Manuel, Ayram und die Nicht-Zeit-Bewohner zwischen den *mechanistischen Systemen,* während Cremec verbissen daran arbeitete, die Formel zu entdecken, mit der er in der Lage sein würde, das mehrdimensionale Koordinatensystem zu bereisen.

Manuel hatte sich auf eine Mauer gesetzt und baumelte ungeduldig mit den Beinen. Er stützte den Kopf in die Hände und seufzte. Worauf warteten sie denn jetzt schon wieder? Etwa darauf, dass Cremec mit seinen Forschungen erfolgreich sein würde? Aber das konnte er sich einfach nicht vorstellen! Er war sicher, dass Ayram irgendetwas im Schilde führte. Vielleicht beabsichtigte er, Cremec in einem geeigneten Moment auszuschalten. Aber warum weihte er ihn dann nicht in seine Pläne ein? Wäre das wirklich so gefährlich? Konnte Cremec etwa sein Gehirn anzapfen? Wieder seufzte er, diesmal lauter, um seine wachsende Missbillligung zum Ausdruck zu bringen.

»Wir warten auf *dich*«, sagte Ayram, als hätte er wieder einmal Manuels Gedanken gehört.

»Auf mich?« Manuel krauste die Stirn. »Wieso auf mich?«

Ayram lächelte nachsichtig.

»Weil man nur durch einen Traum das mehrdimensionale Koordinatensystem bereisen kann und du als Mensch fähig bist, zu träumen.«

»Du meinst, ich soll einschlafen und träumen?«, fragte Manuel verwirrt.

»Nein«, erwiderte Ayram geduldig, »das meine ich nicht.«

»Aber was dann? Soll ich vielleicht einen Trick erfinden, wie wir Cremec wieder loswerden?«

»Ich fürchte, Cremec ist Teil des Traums.«

»Wie bitte?«

Manuel war ehrlich schockiert.

»Willst du mir weismachen, dass wir diesen ... Teufel mitnehmen müssen.«

»Er *ist* doch bereits Teil deines Lebens«, entgegnete Ayram ungerührt.

Manuel sprang auf. »Das kannst du doch nicht ernst meinen. Das ist Wahnsinn!«

Ayram schüttelte nachsichtig lächelnd den Kopf.

»Die Dinge funktionieren eben ein bisschen anders, als du es in deinen fünf Physik-Semestern gelernt hast. Die Welt ist gebaut wie ein Hologramm. Alles ist in allem enthalten. Also auch Cremec.«

Manuel war entsetzt.

»Aber er wird uns umbringen.«

»Nicht, wenn du träumst«, sagte Ayram.

Als Antwort verdrehte Manuel die Augen und stapfte wutentbrannt auf und ab.

»Was soll das mit diesem Träumen. Du verlangst von mir etwas, ohne mir zu sagen, wie es funktioniert.«

»Du wirst es schon noch lernen«, sagte Ayram mit einem bedeutungsvollen Grinsen. Er ließ sich auf einem Felsstück nieder und machte Manuel ein Zeichen, sich zu ihm zu setzen.

»Ich werde es dir erklären. Aber du musst endlich zuhören.«

»Ich höre dir die ganze Zeit schon zu«, sagte Manuel aufgebracht, »du musst es eben so erklären, dass ich es verstehe.«

Ayram beugte sich nach vorne, nahm den Sand in die Hände und ließ ihn zwischen seinen Fingern auf den Boden rieseln.

»Träumen kann man nicht *machen*«, sagte er schließlich. »Es ist nichts, was man beabsichtigen kann. Nichts, was man mit Willenskraft geschehen lassen könnte. Träumen hat nichts damit zu tun, dass du dir etwas wünschst oder dir vorstellst. Das Einzige, was einen Traum bewirkt, ist das Bewegt-Sein aus dem Inneren. Träumen ist der individuelle Ausdruck des Herzens. Es ist die Vision aus dem Herzen, die einfach geschieht – wann sie will und wie sie will. Es ist das, woraus alles Leben existiert. Es ist das, woraus wir tanzen. Wenn *du* nun träumst, hat Cremec natürlich Teil an deinem Traum, denn er ist Teil des *großen Seins*. Doch dein Traum wird auch *seine* Welt verändern.«

Lange Zeit schwieg Manuel. Gedankenverloren starrte er vor sich hin. Alle möglichen vergangenen Bilder und Erinnerungen tauchten plötzlich vor seinen Augen auf. Erinnerungen an sein Leben in London, sein Studium, seine Freunde und seine Familie. Er dachte auch an das Londoner Planetarium, an das Universum und an seine Mutter. An seine Pläne als kleiner Junge und wie sie sich verändert hatten, während er aufwuchs. Er dachte daran, dass er in einem friedlichen Land lebte und dass irgendwo auf der Welt die Dinge schlechter standen. Er fühlte Dankbarkeit. Und Bedauern darüber, dass alles vergänglich war. Er dachte an die Erde mit ihren Städten und Wäldern, den Dörfern und den Wüsten, Seen und Meeren. Er dachte an die Menschen und wie wundervoll es war, dass sie alle unterschiedlich waren: mit all ihren Erfahrungen, ihren Gefühlen, ihren Zielen, ihrem Leben. Ja, ihrem Leben.

»Träume Träumer, träume«,

begannen die Spiegelbilder leise zu singen.

»träume das Leben und tanze
sieh hinein in die Wirklichkeit
jenseits aller Illusion

träume das Leben und tanze
nicht getrennt ist die Welt in ZWEI
das Geheimnis ist EINS.«

Manuel dachte auch an Tamalita und eine unendliche Sehnsucht überfiel ihn. Trotzdem fühlte er sie immer noch so nah, als stünde sie direkt neben ihm. Wenn er genau hinhörte, vernahm er sogar noch ihr Lachen und einen Augenblick lang hatte er das Gefühl, er bräuchte sich nur umzudrehen, um sie zu sehen. Seine Liebe zu ihr war fast unerträglich.

Er erhob sich und betrachtete den Nachthimmel. Wenn er doch nur ein Dichter wäre, dachte er. Dann würde er all das, was er jetzt empfand, in Worte fassen, in Worte, die jeder verstehen würde. Er würde über Liebe und Sehnsucht schreiben.

Und wenn er das Glück hätte, eines Tages vielleicht Tamalita wiederzusehen, dann würde er ihre Hand nehmen, sie lieben und mit ihr tanzen. Leise begann er das Lied der Spiegelbilder mitzusummen. Und während er anfing, sich zum Rhythmus der Melodie zu bewegen, *begann sich die Umgebung zu verändern:* Ganz langsam und sachte verformte sich das mehrdimensionale Koordinatensystem. Dann konnte man erkennen, dass die einzelnen Teilchen, aus denen es bestand, sich ganz neu zu ordnen begannen. Manuel riss die Augen auf und sprang erschrocken zur Seite. Was um alles in der Welt ging hier vor? Doch während die Teilchen noch herumwirbelten, um ihre neue Position zu finden, bemerkte er aus den Augenwinkeln, dass in den Gesichtern der Nicht-Zeit-Bewohner plötzlich Hoffnung aufkeimte.

Er warf einen vorsichtigen Blick auf Cremec, der in ohnmächtigem Zorn versuchte, die *mechanistischen Systeme* festzuhalten, die sich bereits unter seinen Händen und Füßen langsam aufzulösen begannen.

Immer weiter formierten sich die herumwirbelnden Teilchen, wurden dichter und größer und verbanden sich miteinander, bis aus den Millionen von Lichtteilchen eine riesige Kuppel entstanden war, die sie alle umhüllte. Da erst erkannte Manuel, dass sie sich bereits auf der abenteuerlichsten Reise befanden, die jemals jemand unternommen hatte. Die

Kuppel nämlich war in Wirklichkeit eine Raum-Zeit-Maschine, die mit ihnen seit dem Augenblick, in dem sie entstanden war, auf einer nicht-wahrscheinlichen, aber linearen Zeitachse durch alle Zeiten gleichzeitig unterwegs war. Und dort sah die Welt ganz unglaublich aus:

Gigantische Mammuts stampften ächzend über die Tower Bridge von London, riesenhafte Drachenvögel erhoben sich mit rotglänzenden Schwingen dröhnend über die mittelalterlichen Burgen Schottlands und todesmutige Samurai kämpften mit ihren klirrenden Schwertern so elegant auf den magnetischen Schwebebahnen Tokios, dass Manuels Augen vor Staunen groß und rund wie Pfannkuchen wurden. Uniformierte Männer mit Perücken flanierten Arm in Arm mit perfekten Supermodels über die Champs-Élysée und hochmütige Pharaonen schritten erhobenen Hauptes durch die hypermodernen Städte der Zukunft. Wildpferde galoppierten frei und stolz über die New Yorker Avenues und Raketen starteten direkt in den alten Maya-Tempeln. Sogar das sagenumwobene Atlantis erhob sich wie ein aus dem Schlaf erwachender Riese aus dem Meer.

Jubelnd liefen die Nicht-Zeit-Bewohner zum Ende der Kuppel und blickten hinaus. Sie waren grenzenlos begeistert.

»Gut gemacht, Träumer«, sagte Ayram lächelnd und klopfte Manuel anerkennend auf die Schulter. »Durch deinen Traum hat sich das mehrdimensionale Koordinatensystem geöffnet. Deshalb befinden wir uns jetzt tatsächlich auf einer linearen Zeitachse, die uns durch alle Zeiten und Räume gleichzeitig führt.«

Mit offenem Mund starrte Manuel auf die Zeiten, die schneller und schneller an ihnen vorbeiflogen. Ayram hatte recht: Alle Zeiten waren gleichzeitig. Es war die Zeit der Mayas und Azteken genauso wie das Jahr 1967 in London, es war China zur Zeit Tschingis Khans und es war Russland, Jahrhunderte vor seinen Revolutionen. Es waren die Völkerwanderungen, die Kreuzzüge und die Blütezeit der Ägypter, es war das alte Griechenland und gleichzeitig die Jahrmillionen vor dem Urknall. Manuel sah Vergangenheit, Gegenwart und Zukunft gleichzeitig und alle Zeiten waren *eins*.

Während er Xerxes, Gutenberg und Raphael, Peter den Großen, Thomas Hobbes, Botticelli, Euripides, Shakespeare, Yax-Moch-Xoc und den Dalai Lama jeweils gleichzeitig, wenn auch an verschiedenen Orten, sah, fragte er sich, wie er hier um alles in der Welt Tamalita wiederfinden sollte.

Doch er vergaß den Gedanken wieder, denn er entdeckte in der Ferne zwei Gestalten, die fast durchsichtig, aber riesengroß und schlammartig grau waren. Genau genommen erinnerten sie ihn an dunkelgraue Regenwolken, die eine mehr oder weniger menschliche Form angenommen hatten.

»Großer Gott«, flüsterte Manuel erschrocken, »was ist denn das?«

»Das sind die Nicht-Wirkungen«, antwortete ein Spiegelbild, das ihn gehört hatte. »Seit Tamalita verschwunden ist, werden sie von Sekunde zu Sekunde größer und lichtleerer. Das kommt daher, weil es ohne Tamalita keine Wirkungen mehr gibt.«

Sprachlos starrte Manuel die Riesenwesen an.

»Man nennt sie die Fatamorbiden«, fügte das Spiegelbild hinzu und nickte bekräftigend.

In der Zwischenzeit waren die Fatamorbiden näher gekommen und Ayram ging zu ihnen, um sie zu begrüßen.

»Dies ist die einzige Zeitachse, auf der wir noch existieren«, sagte einer der Fatamorbiden mit so weinerlicher Stimme, dass Manuel fürchtete, er würde gleich in Tränen ausbrechen und sie alle damit ertränken. »Aber wenn es noch lange so weiter geht und ihr nicht mehr tanzt, werden wir bald so riesig sein, dass uns überhaupt niemand mehr sehen kann.«

»In der Zeit«, fuhr der zweite Fatamorbide fort, »gibt es keinen Platz mehr für uns. Bis vor kurzem waren wir nämlich Wirkungen. Wir lebten in Bildern, Liedern, Gedichten, Geschichten und Gemälden – aber jetzt ...«

Seufzend brach er ab und wischte sich tatsächlich eine Träne aus dem Gesicht.

»Wie ist es möglich, Wirkung zu sein, wenn es nichts gibt, das die Potenz des Wirkens in sich trägt?«, fügte er dann deprimiert hinzu.

Er wandte sich an Manuel und beugte sich zu ihm hinab.

»Wenigstens du hast den Mut zu träumen«, sagte er dann. »Ich wünsche dir Glück, dass du weiterhin so tapfer deinen Weg gehst.«

Dann seufzten beide Fatamorbide zum Abschied noch einmal tief auf und setzten ihren Weg fort.

»Unglaublich!«, rief Manuel, als er endlich seine Sprache wiederfand. »Allerdings glaube ich nicht, dass ich wirklich verstanden habe, was mit ihnen los ist.«

»Sie sind Ausdruck dessen, dass Aus-sich-selbst-bewegt-sein bald nicht mehr möglich ist«, erklärte Ayram. »Das hat weit reichende Konsequenzen. Jeder Mensch, der nicht aus sich selbst, sondern nur von außen bewegt ist, kann nämlich niemanden im Inneren berühren und dadurch etwas bewirken.«

»Ein Mensch, der nur von außen bewegt ist?«, wiederholte Manuel stirnrunzelnd. »Was meinst du damit?«

»Manuel«, seufzte Ayram müde, »wie soll ich es dir noch erklären? Das Leben eines Menschen, der von außen bewegt ist, lässt sich vorhersagen. Das

Leben eines Menschen hingegen, der nicht von außen bewegt ist, lässt sich nicht vorhersagen. Einfach deshalb, weil er das tut, was wir *träumen* nennen, wodurch das Nicht-Wahrscheinliche möglich wird. Was Cremec beabsichtigt, ist das genaue Gegenteil: Er will den Menschen das Nicht-Wahrscheinliche nehmen und alles berechenbar machen. Er will den Menschen das innere Leben nehmen und dann werden die Menschen innerlich leer sein. Deshalb wird es nichts mehr geben, was sie zum Ausdruck bringen können. Dann wird Cremec das innere Leben durch *emotionale Effekte* ersetzen. Damit wird er die Menschen von außen bewegen und kontrollieren. Je mehr die Menschen manipuliert werden, desto weniger Träume wird es geben. Träumtänze werden nicht länger möglich sein, weil das Nicht-Berechenbare keine Wahrscheinlichkeit mehr hat. Dann werden wir nur noch ferngesteuerte Maschinen sein. Ohne eigenes inneres Leben. Und wir werden vergessen, wer wir sind.«

Ungläubig hatte Manuel zugehört. Er konnte einfach nicht glauben, was Ayram sagte. Im Übrigen war ihm sowieso alles zu viel. Man muss auch bedenken, was er innerhalb weniger Stunden erlebt hatte. Außerdem erklärte Ayram alles, was er bisher über die Welt und das Leben gelernt hatte, für null und nichtig. Kein Wunder, dass sein Gehirn aussetzte. Er konnte sich überhaupt nicht vorstellen, dass Cremec Spaß daran hatte, mit *emotionalen Effekten* die Menschen zu manipulieren. Weshalb sollte er das tun? Das Leben würde doch sehr langweilig für ihn werden. Es war einfach absurd.

Manuel seufzte laut. Bei genauer Betrachtung war es eigentlich gegen jede nicht-zeit-wissenschaftliche Tatsache, dass es Cremec möglich war, in die Welt hinter der Realität zu gelangen und im Inneren einer Kuppel auf einer nicht-wahrscheinlichen Zeitachse durch das Universum zu reisen. Das war die größte Nicht-Wahrscheinlichkeit, die er sich überhaupt vorstellen konnte, und trotzdem war Cremec hier. Wie war ihm das denn gelungen? Offenbar hatte er geträumt. Aber weshalb wollte er dann Träume berechenbar machen und alles kontrollieren?

In diesem Augenblick gab es einen Stillstand. Es war, als stülpe sich die Welt von innen nach außen und als würden sie alle kopfüber in eine weitere Dimension katapultiert. Es war genau die Sekunde, in der Manuel Goldberg Cremecs Beweggründe verstand. Es gab nämlich nur eine Antwort auf seine Fragen: Cremec hatte Angst.

Das Erste, was Manuel auffiel war, dass sie offenbar die Synchronizität der Ereignisse hinter sich gelassen hatten. Ayram grinste anerkennend.

»Du hast deine Wahrnehmung verändert«, erklärte er dann. »Eure Physiker bezeichnen es als *Qwiffblop*, wenn ein Ereignis seine unbeobachtete lineare Bahn durch Erkenntnis oder Beobachtung verlässt. Du hast uns in eine andere Welt hineinkatapultiert.«

Während Ayram noch sprach, bildete sich vor ihren Augen eine ganz außergewöhnliche Landschaft: Silberblaue versteinerte Pflanzen türmten sich wie gigantische Riesen vor ihnen auf. Kein einziges Geräusch war zu hören. Alles wirkte wie tot. Nicht einmal der Wind streifte zwischen den gespenstischen Felsen umher. Trotzdem hatte Manuel den Eindruck, als hätten hier noch vor wenigen Minuten Musikanten aufgespielt und wären angesichts einer plötzlich über sie hereinbrechenden Katastrophe geflohen, ohne sich noch einmal umzusehen ...

Je mehr er sich mit der Umgebung beschäftigte, desto mehr Einzelheiten bemerkte er, die größtes Erstaunen bei ihm hervorriefen. Zwischen den silberblauen Steinpflanzen flogen nämlich kleine Blitze und Strahlen hin und her, *Quarks* rasten als

Formeln und Zahlen durch die Luft und zwischen leuchtenden, sich um ihre eigene Achse drehenden Pyramiden erschien die *Quadratur des Kreises,* ein seltsam unheimliches Flackern, das rasch wieder verlosch. Manuels Wahrnehmung wurde immer feiner. Er bemerkte sogar, dass zwischen den quantenmechanischen Impulsen winzige Lichtteilchen hin und her hüpften, die sich innerhalb von Sekunden auch schon wieder in nichts auflösten, um gleichzeitig an zwei oder drei anderen Orten erneut wieder aufzutauchen.

Er wandte sich an Ayram: »Wo sind wir denn hier?«

»Dies ist das *Land, das nie entdeckt werden wird*«, sagte Ayram mit bedeutungsvoller Miene.

»Was heißt das – nie entdeckt werden wird? Wir haben es doch gerade entdeckt!«, widersprach Manuel.

»Das ist nur scheinbar so«, entgegente Ayram und lächelte nachsichtig. »Lass es mich genauer erklären: Du weißt ja, dass es eine innere und eine äußere Welt gibt. In der äußeren Welt sorgen die Quanten dafür, dass es hinter jedem Geheimnis, das du im Außen entdeckst, noch tausend weitere Geheimnisse gibt. Die *innere Welt* jedoch ist überhaupt nicht von außen entdeckbar. So weit der Mensch auch vordringt, forscht und aufdeckt – die Essenz des Lebens wird er niemals *im Außen* finden.«

Er brach ab und deutete mit einer weiten Bewegung zum Himmel hinauf.

»Vielleicht weißt du, dass das Größenverhältnis zwischen Erde und Mensch dem Größenverhältnis zwischen Mensch und Atom entspricht? Vielleicht weißt du, dass das Größenverhältnis zwischen Universum und Erde etwa dem Größenverhältnis zwischen Erde und Atom entspricht? Selbst wenn du es nicht wüsstest, so wäre es dir doch möglich, diese Tatsache zu entdecken. Aber außerhalb deiner selbst wirst du niemals begreifen, *warum* das so ist. Dies ist das Geheimnis von dem *Land, das nie entdeckt werden wird*. Ein Geheimnis, das im Übrigen jeder verstehen kann, weil er Teil des *Musters* ist.«

»Und das will Cremec unter Kontrolle bringen?«, fragte Manuel verständnislos. »Wird ihm das denn gelingen?«

»Sieh doch«, sagte Ayram und deutete auf Cremec, der in andächtiger Faszination hierhin und dorthin schritt und den Eindruck eines äußerst arroganten Großgrundbesitzers machte, der seine Ländereien besichtigt. Es hätte sicher niemanden verwundert, wenn plötzlich eine dicke Zigarre in seinem Mundwinkel aufgetaucht wäre.

Ein leises Räuspern riss sie aus ihren Betrachtungen. Manuel, Cremec und die Traum-Zeit-Bewohner drehten sich gleichzeitig um. Hinter ihnen bildeten sich gerade ein paar absonderliche Gestalten, die dadurch entstanden, dass sie ihrer Umgebung Atome entzogen und sich aus denselben in einer anderen Form wieder zusammensetzten.

»Vielleicht sind das die schwarzen Löcher«, dachte Manuel verblüfft.

»Nicht schlecht, nicht schlecht«, antwortete eine dieser schwarzen Figuren, die – wie alle Bewohner der Nicht-Zeit – Manuels Gedanken hören konnte. »Genau genommen sind wir Schattenmänner. Und wir haben die ehrenvolle Aufgabe, Dunkelheit zu sein.«

»Ha!«, sagte Cremec und blies sich vor den Schattenmännern auf. »Dann seid ihr ganz offensichtlich Ausdruck *meiner* Welt.«

Die Schattenmänner bewegten sich hin und her, was Cremec als Zustimmung deutete.

Beifällig pfiff Cremec durch die Zähne.

»Interessant, interessant«, murmelte er dann, während er *seine* Welt weiterhin einer eingehenden Betrachtung unterzog. »Da dies meine Welt ist, werde ich sie natürlich gleich verändern.«

»Da es *deine* Welt ist, wird sie *dich* verändern!«, entgegnete der Schattenmann ungerührt.

»Nun«, erklärte Cremec hochnäsig, »das werden wir ja sehen.«

Was dann geschah, erinnerte ein wenig an eine Vorführung des legendären Harry Houdini, denn Cremec zog seine interstellare Fernbedienung aus der Tasche und kreierte als Erstes mehrere *mecha-*

nistische Systeme. Kaum war er damit fertig, modifizierte er das Gravitationsgesetz. Dann sprang er unter Siegesgeheul wie ein Verrückter von einer silberblauen Steinpflanze zur nächsten und entzog gleichzeitig der größten so viel Licht, dass diese jetzt wie ein Scherenschnitt aussah. Offenbar war er mit seiner Arbeit hoch zufrieden, denn mittlerweile johlte er nur noch. Zur Abrundung seiner Aktion verlangsamte er schließlich sogar noch die Zeit. Manuel bemerkte es daran, dass die winzigen Lichtteilchen, die offenbar nur er sehen konnte, nicht mehr wild hin- und hersprangen, sondern sich plötzlich langsamer und gleichmäßiger bewegten.

Beunruhigt blickte er sich um.

Cremec grinste ihm höhnisch zu und wandte sich dann wieder an die Schattenmänner.

»Der Grund, weshalb ich hier bin«, sagte er, »ist eine junge Frau. Eine so genannte Traumtänzerin, um genau zu sein. Ihr Name ist Tamalita.«

Einer der Schattenmänner nickte und deutete auf eine helle Gestalt, die in der Ferne auftauchte und langsam näher kam: Tamalita!

Je näher sie kam, desto lauter fühlte Manuel sein Herz pochen. Erleichtert atmete er auf, als er feststellte, dass Tamalita offenbar unversehrt war, ganz und gar unversehrt und genauso schön, wie er sie in Erinnerung hatte. Er stieß einen Freudenschrei aus. Alles war gut! Tamalita lebte und sie brauchte nur zu tanzen. Dann würde alles sein wie früher. Euphorisch breitete er die Arme aus und rannte ihr entgegen.

Doch je näher er ihr kam, desto mehr spürte er, dass irgendetwas nicht in Ordnung war. Weshalb lief Tamalita nicht auch ihm entgegen? Warum stand sie jetzt nur bewegungslos da und starrte ins Leere? Er verlangsamte seine Schritte und runzelte die Stirn. Was war denn nur los? Auch schien niemand außer ihm erfreut, Tamalita wiederzusehen.

Er lief zu ihr und ergriff ihre Hand. Doch als sie immer noch nicht reagierte, wich er erschrocken zurück.

»Willkommen, Manuel«, sagte die Tänzerin mit ausdrucksloser Stimme. »Wie ich sehe, hast du diesen Ort hier gefunden. Keine leichte Angelegenheit, aber du bist eben etwas Besonderes.«

Ungläubig sah Manuel das Mädchen an. Er fühlte wieder das Grauen. Es war, als griffe eine Hand aus Eis direkt nach seinem Herzen und als öffnete sich tief in ihm ein endloser schwarzer Abgrund. Selbst wenn Tamalita äußerlich unverändert war –

eines wusste er mit Bestimmtheit: Etwas Entsetzliches musste *in* ihr geschehen sein.

»Wir sind hierher gekommen, um dich zurückzuholen ...«, erklärte Manuel vorsichtig. »Wir haben dich gesucht ... überall!«

Tamalitas Miene blieb unbewegt.

»Ich muss nirgendwohin zurück.«

»Bitte«, flüsterte Manuel, eindringlicher als zuvor, und drückte ihre Hand, »bitte hör mir zu. Du erinnerst dich schon jetzt nicht mehr. Wir haben zusammen getanzt. Wir waren glücklich. Wir haben uns geliebt.«

»Wir haben uns geliebt«, wiederholte Tamalita monoton.

»Wenn du mit uns kommst, wird alles wieder gut«, versicherte Manuel noch einmal mit Nachdruck. »Du bist krank ... so wie alle Welt. Du erinnerst dich nicht.«

Er führte ihre Hand zu seinem Mund und küsste sie.

»Komm ...«

Tamalita starrte ihn nur ausdruckslos an.

»Ich weiß nicht wirklich, wer du bist«, flüsterte sie leise, »ich kann mich nicht erinnern. Nicht wirklich. Ich weiß nicht einmal, wer *ich* bin ...«

»Aber du hast mich doch eben beim Namen genannt!«, rief Manuel verzweifelt, doch Tamalita wandte sich wortlos ab.

Manuel schüttelte den Kopf, als wolle er nicht wahrhaben, was sie gesagt hatte. Ihm war, als würde sein Innerstes wie von tausend hässlich lärmenden Motorsägen zerstückelt. Er stand unter Schock und schüttelte wieder und wieder Kopf.

Er stolperte, als Cremec ihn unsanft wegstieß und sich an das Mädchen wandte.

»Wenn du mit *mir* zusammenarbeitest, wird alles gut«, sagte er mit höhnischer Miene und zückte seine Fernbedienung. Ein teuflisches Grinsen erschien auf seinem Gesicht, dann drückte er die Start-Taste.

Willkürlich setzte er Ton um Ton zusammen und richtete die Fernbedienung auf Tamalita. Sogleich begann sie zu tanzen.

Bis zu diesem Zeitpunkt hatte Manuel lediglich intellektuell begriffen, was Ayram meinte, wenn er davon sprach, wie schrecklich es war, von außen bewegt zu sein – jetzt verstand er zum ersten Mal, was damit gemeint war.

Tamalitas Bewegungen wirkten ruckartig und eckig, als wäre sie ein Roboter. Sie bewegte ihre Arme und Beine, bog ihren Körper vor und zurück und drehte sich im Kreis, doch ihr Ausdruck blieb starr und unbewegt. Sie tanzte jede Bewegung, die Cremec mit seiner Fernsteuerung festlegte: Sie sprang in die Luft, drehte Pirouetten, sprang und flog. Sie tanzte und tanzte. Wie eine Puppe. Wie eine Marionette.

Manuel war wie gelähmt. Er konnte nicht glauben, was er sah. Hatte er nicht *geträumt*, um Tamalita zu retten? Und nun schaffte es dieser Wahnsinnige, alles in Sekunden zu zerstören – mit einer Fernbedienung.

Cremec indessen brach in gröhlendes Gelächter aus.

»Ha!«, schrie er. »Ha! Ha! Es ist perfekt. Die Welt ohne Nicht-Berechenbarkeiten. Die Welt ohne Abweichung.«

Manuel hielt inne. Irgendetwas Grundsätzliches veränderte sich gerade in ihm. Eiskalter Zorn überkam ihn, gepaart mit dem intensiven Wunsch, zu kämpfen und Cremec zu zerstören.

»Wie kannst du ihr das antun!«, schrie er hasserfüllt. »Siehst du nicht, dass du sie tötest?«

Doch Cremec gröhlte immer lauter und drängte Manuel zur Seite.

Plötzlich sah sich Manuel von tausend Spiegelbildern umringt.

»Träume Träumer, träume,« sangen sie.

»Träume das Leben und tanze
sieh hinein in die Wirklichkeit
jenseits aller Illusion

Träume das Leben und tanze
nicht getrennt ist die Welt in ZWEI
das Geheimnis ist EINS.«

Manuel hatte das Gefühl, verrückt zu werden. Er rannte hin und her und versuchte, sich zu erinnern. Was war Träumen? Wie funktionierte es? Er wusste es nicht. Nichts von dem, was Ayram ihn gelehrt hatte, hatte er offenbar wirklich verstanden.

Er versuchte die Musik auszuschalten und schlug in ohnmächtigem Hass auf die *mechanistischen Systeme* ein. Doch diese stampften unbeirrt weiter.

»Aufhören!!!«

Manuel weinte jetzt. Er weinte sehr laut und Schweiß lief über sein Gesicht.

Mit aller Kraft trat er gegen Cremecs Maschinen und der dröhnende Rhythmus wich einem grässlichen Heulen.

Verzweifelt blickte er sich nach Ayram um.

»Sie ist zerstört«, schrie er laut, »Tamalita ist bereits zerstört.«

In diesem Augenblick verdunkelte sich das Licht und atemlose Stille entstand.

Wenigstens hatte der Maschinenlärm aufgehört.

Schweißüberströmt rang Manuel nach Luft.

»Glücklicherweise irrst du dich«, sagte Ayram endlich neben ihm.

Heftig atmend wischte sich Manuel den Schweiß aus dem Gesicht. »Was du nicht sagst!«, fauchte er und funkelte Ayram zornig an. »Doch sei unbesorgt – ich habe dich verstanden. Du willst, dass ich träume. Du hast nur vergessen, mir zu sagen, wie ich träumen soll, wenn es doch gar keine Träume mehr gibt.« Herausfordernd stützte er seine Hände auf die Hüften.

Mittlerweile hatten sich seine Augen an die Dunkelheit gewöhnt. Wie ein abgeschalteter Roboter stand Tamalita vor Cremec, der schon wieder in das Programmieren der *mechanistischen Systeme* vertieft war.

»Weißt du denn noch immer nicht, dass das hier Tamalitas innere Welt ist?«, fragte Ayram sanft. »Und damit der einzige Ort, an dem du sie wirklich berühren kannst.«

»Aber ich *habe* sie doch schon berührt!«, rief Manuel leidenschaftlich.

Belustigt zog Ayram die Augenbrauen hoch.

»Bis jetzt hast du lediglich ein Riesengeschrei veranstaltet. Wenn du sie im Inneren berühren willst, musst du aufhören, gegen das zu kämpfen, was *im Außen* geschieht. Dann kannst du dich mit ihr verbinden. Und dann wird sie wieder tanzen können.«

Manuel war am Boden zerstört. Wie vermessen war er doch gewesen, auch nur einen Augenblick lang zu glauben, dass er Tamalita berührt hätte. Er, der, seit er in die Nicht-Zeit gekommen war, doch fast gar nichts verstanden hatte. Er fühlte sich schrecklich elend. Genau genommen bewiesen Ayrams Worte nur eins: Er hatte versagt. Dies war die Wahrheit. Es gab nichts mehr, was er tun konnte. Er warf einen letzten Blick auf Ayram, dann schlurfte er resigniert und unbeholfen zu Tamalita hinüber. Er tat es, um sich für immer von ihr zu verabschieden.

»Träume Träumer, träume,«

sangen die Spiegelbilder, die ihn immerzu begleiteten.

»Träume das Leben und tanze
sieh hinein in die Wirklichkeit
jenseits aller Illusion

Träume das Leben und tanze
nicht getrennt ist die Welt in ZWEI
das Geheimnis ist EINS.«

Manuel schloss die Augen und dachte daran zurück, wie es war, als er Tamalita zum ersten Mal getroffen hatte. Er erinnerte sich an seinen ersten Tanz mit ihr und wie glücklich sie gewesen war. Wie schön! Und wie wundervoll! Sie war so strahlend herumgewirbelt! Manuels Liebe zu ihr wurde so groß, dass er beinahe glaubte, die Musik wieder zu hören, zu der sie damals getanzt hatten, und ihren Atem auf seiner Haut zu spüren. Er fühlte es sogar körperlich, immer intensiver, in jeder Pore seines Körpers ... und plötzlich auch in seinem Innern. Ganz merkwürdig war Manuel zumute, als er spürte, wie sich etwas *in* ihm öffnete ... wie eine Tür sich öffnete, durch die er mehr und mehr in Berührung kam mit *ETWAS,* das sich beinahe so anfühlte wie er selbst, nur größer, weiter, heller. Nie zuvor hatte er etwas Vergleichbares erlebt ... doch es fühlte sich so wundervoll an, so ewig ... traumhaft – und in diesem Augenblick erkannte Tamalita ihn. Es gab kein äußeres Anzeichen, dass dies geschehen war. Sie starrte noch immer mit demselben ausdruckslosen Gesicht ins Leere, doch Manuel spürte, dass sich auch in ihr etwas verändert hatte.

Behutsam, um sie nicht zu erschrecken, ging er weiter auf sie zu. Er erinnerte sich genau daran, wie es gewesen war, als sie damals *ihn* berührt hatte, damals an der Säule des Geheimnisses. Inbrünstig ergriff er ihre Hand und drückte sie erneut an seine Lippen. Das kleine Lied, das sie damals für ihn gesungen hatte, kam ihm wieder in den Sinn, das kleine Lied, das all seine Fragen enthielt und nicht eine einzige beantwortete:

»Wozu öffnen Blumen ihre Blütenblätter?«
begann er leise zu singen,

»Warum singt die Nachtigall ihr Lied
Gab es eine Zeit, in der wir sehend waren
Kennst du jenen Ort, an dem es
eine Antwort gibt
Wodurch platzen Qwiffs und
springen Quanten
wer hält all die Sterne in der Bahn
wie heißt das Spiel in all den Zeiten
wer hat es verursacht – und wann
gibt es eine Antwort – wann?«

Tamalita merkte auf. Es war nur eine winzige Bewegung, einen Atemzug lang. Manuel spürte es und sein Herz begann heftig zu klopfen. Konnte es sein, dass doch noch nicht alles verloren war? Schweißperlen bildeten sich auf seiner Stirn. Jetzt wollte er nichts falsch machen. Sonst wäre vielleicht alles wieder verloren.

»Wozu strahlen Sonnen Tag für Tag«,
fuhr er also stockend fort,

»durch tausend Universen all ihr Licht
Tachyonen tanzen durch die Zeiten
wozu – wohin – du weißt es nicht.
Geistern gleich sind tausend Galaxien
Unbegriffen ist der Zeiten Raum
vergessen hast du, was du selbst erschaffen ...«

Tamalitas Gesicht wurde rosig, so als würde sie aus einer tiefen Ohnmacht erwachen. Voll Verwunderung blickte sie an sich hinab und betrachtete ihren Körper. Manuel fühlte den Druck ihrer Hand, während sie mit ihm sang:

»... doch willst du dich erinnern
dann tanze deinen Traum.«

Zögernd bewegte sie sich und machte ein paar Tanzschritte. Während sie selbstvergessen ihren eigenen Rhythmus suchte, betrachtete sie beinahe ungläubig ihren Körper. Dann streckte sie die Arme und legte den Kopf in den Nacken. Ein langgezogener Flötenton erklang. Allmählich formte sich daraus eine Melodie. Ungläubig streckte Tamalita die Arme empor und straffte sich. Ihre Augen begannen zu leuchten. Und dann begann sie zu tanzen. Sie drehte und bewegte sich, lief tanzend über den silberblauen Boden und ließ die Hüften kreisen. Sie wiegte ihren schmalen Mädchenkörper, warf die Beine hoch und hüpfte strahlend über die Landschaft hinweg. Dann bog sie ihren Rücken, während sie über die eisblauen Felsen flog, so weit nach hinten durch, dass sie wie ein schwebender Halbmond wirkte. Während sie mit den Füßen wieder den Boden berührte, war es, als fiele sie tief in die Melodie hinein und als begebe sie sich mit einer einzigen Bewegung in die innerste Stelle ihrer Seele. Die Musik schwoll an, Geigen erklangen, der Kontrabass und die Oboen, Celli, Harfen, Trompeten und Posaunen.

Je mehr Tamalita tanzte, desto lebendiger und schöner wurde sie, desto mehr glühten ihre Wangen und strahlten ihre Augen. Sie tanzte und flog, drehte sich und wirbelte durch die Luft. Dann warf sie sich Manuel mit einem kleinen Schrei in die Arme. Lange, lange Zeit hielt er sie fest.

Ein metallisches Klicken riss sie auseinander. Zu Tode erschrocken fuhren Tamalita und Manuel herum. Sie blickten direkt auf Cremecs Fernbedienung.

»Oh mein Gott«, murmelte Manuel heiser vor Angst, »das ist das Ende.«

Er hörte ein leises Lachen an seinem Ohr, dann zog Ayram ihn und Tamalita mit einer schnellen Bewegung hinter einen blauen Riesen-Grashalm.

»Denk an das Hologramm!«, sagte Ayram leise.

»Wieso ist das jetzt wichtig?«, flüsterte Manuel zurück.

»Erinnere dich, dass *alles* in jedem winzigsten Teil enthalten ist«, fuhr Ayram ungerührt fort.

»Ich erinnere mich«, flüsterte Manuel ungeduldig. »Komm schon zur Sache.«

»Auch du bist Teil dieses Hologramms.«

»Ich verstehe«, sagte Manuel.

»Du bist wirklich in allem enthalten«, erklärte Ayram eindringlich. »Das Universum ist wie ein Hologramm aufgebaut – und du bist mittendrin.«

Manuel gab ein indifferentes Grunzen von sich.

»Alles ist auf geheimnisvolle Weise miteinander verbunden.«

»Interessant«, flüsterte Manuel mit demonstrativem Desinteresse, während er fieberhaft überlegte, wie er Cremec die Fernbedienung entwenden könnte.

»Erinnerst du dich, aus wie vielen Bildern das Hologramm besteht?«

»Natürlich«, sagte Manuel, noch eine Spur ungeduldiger. »Aus ... aus ...«

Er brach ab und blickte Ayram mit großen Augen an.

»Jetzt hast du es verstanden«, lobte Ayram erleichtert, »denk jetzt einfach logisch weiter. Wenn es nur *ein* Bild gibt – wie viele Leben gibt es dann?«

Manuel sagte lange Zeit nichts mehr.

Ungläubig antwortete er schließlich: »Eins«, und weil ihn diese Erkenntnis überwältigte, wiederholte er es gleich noch einmal: »Es gibt nur *ein* Leben.«

»Das ist richtig«, bestätigte Ayram, »und alles, was geschieht, ist *dein* Leben.«

Manuel hielt den Atem an.

»Alles, was dein Leben ist, entblättert sich Stunde um Stunde in Zeit und Nicht-Zeit. Alles, was dir geschieht, *bist du*. All deine Erlebnisse bist *du*. Und all diejenigen, denen du begegnest, sind Spiegelbilder von *dir*.«

Manuel ließ die Arme sinken.

»Heißt das ....?«, fing er argwöhnisch an, doch er führte den Satz nicht zu Ende.

»Dies ist *das Geheimnis!*«, nickte Ayam.

Manuel starrte Ayram nur an.

»Deshalb«, fügte Ayram hinzu und seine Stimme klang ein ganz klein wenig besorgt, »deshalb bist du hierher gekommen. Du wolltest wissen, wer du in Wahrheit bist. Niemand kann dir diese Frage intellektuell beantworten – du musstest es erleben. In allen Welten, in allen Zeiten, in allen Räumen ...«

Manuel schüttelte den Kopf, als wolle er es nicht wahrhaben.

»Das ist entsetzlich«, flüsterte er heiser.

»Entsetzlich?« Ayram lachte auf.

»Nur ein Narr kann so antworten. Verstehst du

es denn wirklich nicht? In Wahrheit gibt es keinen Gegner. Es gibt nur dich ... und dein Leben.«

»Aber Cremec ...«

»Was ist mit ihm?«

»Nun ja ... es klingt, als sei er ein Teil von mir.«

»Er ist weit mehr als das«, erwiderte Ayram leise, »genau genommen seid ihr *eins*. Sonst könnte er gar nicht in deinem Leben existieren. Und du bist genau in demselben Alptraum gefangen wie er. Einem Alptraum aus Angst, Zerstörung und Leid.«

Manuel hielt Tamalitas Hand ganz fest und schüttelte ungläubig den Kopf. Er war unfähig zu denken. Das Einzige, was er wusste, war, dass all seine Illusionen soeben – in diesem einen Augenblick – wie Seifenblasen geplatzt waren. Alles, was er jemals geglaubt hatte, wofür er gelebt und gekämpft hatte, existierte nicht mehr.

Er entdeckte Cremec und beobachtete ihn. Er hatte die Fernbedienung beiseite gelegt und amüsierte sich mit den *mechanistischen Systemen*. Manuel war ganz sicher, dass Cremec ausschließlich damit beschäftig war, ein Programm zu entwickeln, das ihn und Ayram und alle Traumtänzer auslöschen, und Tamalita das *Muster* entziehen würde.

Ayram hatte auf jeden Fall Unrecht! Bei dem Gedanken, dass Cremec ein Teil von ihm, Manuel Goldberg, sein sollte, wurde ihm übel.

Andererseits ... war *er* natürlich auch Teil von Cremec und das konnte dem Burschen schließlich nicht schaden.

Ein Lächeln huschte über Manuels Gesicht. Einen Augenblick lang fühlte er Bedauern darüber, dass Ayram sich irrte. Denn natürlich musste Ayram sich irren. Dass alles *eins* sein sollte, war ja eine nette Philosophie, doch für das wirkliche Leben denkbar ungeeignet. Er seufzte laut. Aber was, wenn es wirklich keinen Gegner gab? Bei diesem Gedanken fühlte sich Manuel auf einmal seltsam leicht und beschwingt, fast, als würde sich etwas in ihm mit allem, was war, versöhnen. Er schüttelte den Kopf. Diese Idee konnte doch nicht allen Ernstes seinem Gehirn entsprungen sein! Aber – dieses *Etwas* in ihm wuchs mit einem Mal, wurde größer, und wuchs immer mehr von innen nach außen und dehnte sich aus. Was war das nur? Dieses *Etwas* in ihm wusste nämlich mit Bestimmtheit, dass er viel mehr war als die Persönlichkeit Manuel Goldberg, die in der Raum-Zeit des dritten Jahrtausends in London gefangen war. Denn die Zeit war ein Gefängnis, das erkannte er ebenso deutlich wie die Tatsache, dass sie gleichzeitig eine Illusion war. Genau wie Einstein es gesagt hatte! Nie zuvor hatte er etwas Ähnliches empfunden. Er fühlte sich auch körperlich größer und tatsächlich *eins* mit allem. Das Merkwürdige war außerdem: Dies alles fühlte sich viel *wirklicher* an als die Realität. Laut lachte er auf. In diesem Augenblick wandte sich Cremec ihm zu – überrascht wie ein verwirrtes Kind, das, aus seinem Spiel gerissen, zum Mittagstisch gerufen wird.

»Träume Träumer, träume,«

sangen die Spiegelbilder erneut.

»Träume das Leben und tanze
sieh hinein in die Wirklichkeit
jenseits aller Illusion

Träume das Leben und tanze
nicht getrennt ist die Welt in ZWEI
das Geheimnis ist EINS.«

»Das Geheimnis ist eins«, wiederholte Manuel für sich selbst. »Jetzt verstehe ich endlich, was die Spiegelbilder die ganze Zeit schon sagen. Es gibt nur *ein* Leben und Cremec ist Teil meines Lebens. Genau genommen wäre ich ohne ihn gar nicht hier. Ohne ihn hätte ich niemals diese Reise gemacht. Umgekehrt wäre er auch ohne mich niemals hierher gekommen ...«

Erleicherterung durchflutete ihn mit einem Mal. Ihm war, als sei er ein Schauspieler, der von der Bühne herunter ins Auditorium getreten war. Er war zu seinem eigenen Zuschauer geworden.

Intuitiv wusste Manuel, was er als Nächstes tun musste. Er erhob sich und ging Cremec langsam entgegen. Er hatte keine Ahnung, was weiter geschehen würde, doch er fürchtete sich auch nicht mehr. Dann standen sich die Männer gegenüber. Sie taxierten einander wie Fremde, die überrascht erkennen, dass sie in Wahrheit Verbündete sind, und auf Cremecs Gesicht erschien ein ungläubiges Lächeln. Manuel streckte den Arm aus und reichte Cremec die Hand. Und nun passierte das, was Manuel noch bis vor wenigen Minuten für die verrückteste Nicht-Wahrscheinlichkeit aller Nicht-Wahrscheinlichkeiten gehalten hätte: Er und Cremec begannen zu tanzen. Sie begannen tatsächlich, miteinander zu tanzen, und für einen Augenblick spürte Manuel, wie alle Traumtänzer den Atem anhielten. Lachend tanzten sie auf Tamalita zu, und als endlich die Musik erklang, hakten sie das Mädchen unter und liefen jauchzend mit ihr über die Landschaft hinweg. Sie hoben sie mit starken Armen hoch und Tamalita sprang in die Luft, drehte sich so geschwind und sicher wie ein Kreisel, wirbelte strahlend zwischen Manuel und Cremec hin und her, bis sie schließlich zu dritt übermütig über die versteinerten Pflanzen hinwegflogen.

Unter großem Jubel begannen nun auch alle anderen Traumtänzer und Tänzerinnen zu tanzen und sogar die Amorphinen und Schattenmänner bewegten sich im Rhythmus der Trommeln. Unterdessen kam ein warmer Sommerwind auf. Wie ein bunter Farbpinsel flog er über die eisblaue

Landschaft hinweg und verwandelte sie in bunte Wiesen, Blumen und Felder, die sich bald lustig und weich im Wind wiegten.

Als die Musik mit einem infernalen Bläsersatz endete, klopften sich Manuel und Cremec wie die besten Freunde so oft gegenseitig auf die Schultern, als wollten sie gar nicht mehr damit aufhören. Endlich umarmten sie sich – und dann geschah etwas, worüber sich alle, die es gesehen haben, bis heute uneins sind, was tatsächlich passiert ist. Die einen behaupten, dass Manuel und Cremec während ihrer Umarmung miteinander verschmolzen. Die anderen sagen, dass Cremec sich einfach aufgelöst hat.

Der Morgen war angebrochen. Natürlich war dies nicht tatsächlich so, doch das Licht und die Farben in *dem Land, das nie entdeckt werden wird,* waren so frisch und leuchtend, wie dies in der realen Welt immer nur wenige Minuten vor Sonnenaufgang der Fall ist. Die Traumtänzer und Tänzerinnen saßen zusammen und sprachen über die Vorfälle der vergangenen Stunden. Tamalita hatte sich an Manuel gelehnt. Er strich ihr zärtlich übers Haar, während er sich in einem äußerst zwiespältigen Zustand befand. Natürlich war er glücklich darüber, dass Tamalita wieder tanzen konnte, doch gleichzeitig ahnte er, dass er die Nicht-Zeit schon bald wieder verlassen würde. Er musste zurück in die Zeit, so viel war sicher. Und er würde Tamalita nie wiedersehen. Auch wenn es angesichts dessen, was er in der Zwischen-Zeit gelernt hatte, absurd war, in Kategorien wie *Tamalita nie wieder sehen* oder *Tamalita mitnehmen* auch nur zu denken, wollte er diese Tatsache gerne noch ein Weilchen ignorieren. Schließlich war es doch seine Aufgabe, sie alle auf der linearen Zeitachse, die durch alle Räume gleichzeitig führte, ins *Land der Traumtänze* zurückzuträumen. Und damit würde er sehr lange warten!

Schelmisch grinste er zu Ayram hinüber.

»Auf derselben Zeitachse ist das sowieso nicht möglich«, sagte dieser.

»Wie – nicht möglich?« Aus Langsamkeit, Entspannung und schwebenden Gedankenwolken aufgeschreckt, fuhr Manuel hoch.

»Es wäre vollkommen unlogisch«, erklärte Ayram und Manuel runzelte die Stirn.

»Wie, glaubst du, könnten wir einen bereits bestehenden und damit berechenbaren Weg begehen mitten in der Welt des Quantums?«

Jetzt verstand Manuel überhaupt nichts mehr. »Du sagtest doch, das hier sei *Tamalitas innere Welt* ...«

»Quanten sind immer Teil einer inneren Welt«, sagte Ayram, »Quanten entstehen durch innere Welten. Genaugenommen sind sie deren Ausdruck.«

»Quanten sind Ausdruck von inneren Welten ...«, wiederholte Manuel flüsternd und holte tief Luft. Jetzt erst begann er langsam zu begreifen, warum Zeit und Nicht-Zeit *eins* waren. Gleichzeitig verstand er auch, dass ein völlig neuer Weg entstehen musste. Und dies würde dadurch geschehen, dass er diesen – noch nicht bekannten Weg – gehen würde. Doch würde ihm das gelingen? Wenn sie sich mitten in einer nicht-berechenbaren Welt befanden, würde er doch niemals wissen können, wann der Quantensprung wieder stattfinden würde. Er fragte sich ohnehin, wodurch die Elektronen eigentlich immer wussten, wann sie springen mussten. Vielleicht gab es eine nicht-berechenbare Ordnung und diese wurde – wenn er Ayram richtig verstanden hatte – durch die nicht-berechenbaren Quanten aufrechterhalten. Wenn nun aber die Quanten Ausdruck einer inneren Welt waren, musste doch das Leben von einer *inneren*, nie in der äußeren Welt entdeckbaren Ordnung abhängen. War diese innere Ordnung

vielleicht das *Muster,* von dem sie immer gesprochen hatten?
Mitten in seinen Gedanken stockte Manuel plötzlich: Ihm fiel auf, dass Ayram ihm noch immer nicht verraten hatte, woraus das *Muster* beschaffen war.

Tamalita lächelte Manuel zu und er lächelte zurück. Ihr Lächeln und ihre Zartheit rührten ihn.

Sie setzte sich auf und nahm seine Hände. »Manchmal gestatten wir uns, miteinander zu tanzen«, antwortete sie leise, »an der Grenze zwischen Zeit und Nicht-Zeit, an der Grenze von Traum und Wirklichkeit, an der Grenze von Tag und Nacht, an der Grenze zwischen all den Gegensätzen ...«

Manuel zog Tamalita zu sich heran und hielt sie ganz fest.

»Manchmal gestatten wir uns, *eins* zu sein?«, fragte er unbeholfen.

Kaum merklich nickte sie.

»Dann ist das *Muster* aus Liebe?«, flüsterte er zögernd.

»Du hast es doch schon längst verstanden«, erwiderte Tamalita leise. »Nur wer liebt, kann Träume tanzen.«

Manuel nahm Tamalitas Gesicht zwischen seine Hände und beugte sich über sie. Und während sie begannen, sich langsam miteinander zu bewegen, küsste er unendlich zart und sacht ihre Lippen. So begannen Manuel und Tamalita im Eins-Sein zu tanzen. Immer hingebungsvoller, immer inniger.

Und als auch die Traumtänzer und Tänzerinnen sich im Tanz drehten, bemerkte Manuel, wie sich direkt unter ihren Füßen eine neue *Nicht-Zeit-Achse* bildete – eine Straße aus reinem goldenem Licht, die sie aus dem *Land, das nie entdeckt werden wird,* zurücktrug in das *Land der Traumtänze.*

Nie zuvor hatten die Traumtänzer und Tänzerinnen, die Wächter, Spiegelbilder und Amorphinen inbrünstiger getanzt als in jener Stunde. Und noch nie waren die Geigen schluchzender gestrichen und die Trompeten leidenschaftlicher geblasen worden.

Die Traumtänzerinnen wirkten so durchsichtig wie pastellige Nebelschwaden und rannten mit den Wächtern wie fliegende Blütenblätter um die Wette, bis aus ihrem Tanz ein Feuerwerk aus Sternen und Blumen entstand. Während die Spiegelbilder auf den Meereswellen tanzten, ließen sie Goldstaub aus flammend roten Wolken regnen und aus den Nebeln des Universums neue feurige Sonnen entstehen. Immer schneller drehten sich auch die Amorphinen. Endlich konnten sie geträumt werden! Jede ihrer Bewegungen brachte den Bäumen und Pflanzen ihr Glitzern zurück und jeder Glitzerpunkt, den Tamalita mit ihren Füßen berührte, wurde zu dem strahlend hellen Licht, aus dem das

Land der Traumtänze seit jeher bestand. Unter großem Freudengeschrei kehrten nun auch die Fatamorbiden in die Gemälde, Lieder und Bücher zurück, um von nun an endlich wieder Wirkung zu sein. Ja, der Tanz auf der goldenen Nicht-Zeit-Achse war das rauschendste Fest, das jemals in einem Universum stattgefunden hat.

Endlich war das *Land der Traumtänze* wieder erkennbar, so wie Manuel es in Erinnerung hatte. Die bunten Blumen blühten so schön wie einst, die Höhlen und Grotten bargen wundersame Schätze und an geheimnisvollen Orten wurden die schwierigsten Rätsel der Welt gelöst. Die Stelle jedoch, an der sich einst die *mechanistischen Systeme* befunden hatten, war überwuchert von wilden Rosensträuchern und nur eine riesige mechanistische Uhr erinnerte daran, dass dies einst ein Ort der Berechnung gewesen war.

Als die Musik schließlich endete, fielen sich alle Nicht-Zeit-Bewohner jubelnd in die Arme.

Dann kam Ayram mit großen Schritten auf Manuel zu.

»Ich danke dir, Träumer«, sagte er mit seinem unverwechselbaren Lächeln und Manuel wusste in diesem Augenblick, dass sie wirkliche Freunde geworden waren.

»Eines solltest du dir für immer merken«, fügte Ayram noch hinzu, »es gibt niemals eine Trennung. Und deshalb gibt es keinen Abschied.«

Er ging davon, so als würde er nur für einen kurzen Augenblick nachdenken, um sich ihm sogleich wieder zuzuwenden.

Tamalita nahm Manuels Hände und zog ihn nahe zu sich heran. Ein letztes Mal roch er den frischen Duft ihres Haares.

»Liebe ist es also, was alles verbindet«, sagte er wie zu sich selbst und schüttelte den Kopf, als könne er es immer noch nicht glauben.

»Dies ist die Antwort auf deine Frage«, flüsterte Tamalita, »die Frage nach all dem Warum. Und deine Antwort auf unser Lied.«

Plötzlich spürte Manuel einen heftigen Sog. Es war, als würde ihn ein starker Magnet von Tamalita wegziehen. Laut schrie er um Hilfe und versuchte verzweifelt, sich irgendwo festzuhalten, doch seine Hände griffen ins Leere. Dann wurde ihm schwarz vor Augen. Das Einzige, was er noch vernahm, war ein zartheller Gesang:

»Wozu öffnen Blumen ihre Blütenblätter
Warum singt die Nachtigall ihr Lied
Gab es eine Zeit, in der wir sehend waren
Kennst du jenen Ort, an dem es
eine Antwort gibt
Wodurch platzen Qwiffs und
springen Quanten
wer hält all die Sterne in der Bahn
wie heißt das Spiel in all den Zeiten

wer hat es verursacht – und wann
gibt es eine Antwort – wann?

Wozu strahlen Sonnen Tag für Tag
durch tausend Universen all ihr Licht
Tachyonen tanzen durch die Zeiten
wozu – wohin – du weißt es nicht.
Geistern gleich sind tausend Galaxien
Unbegriffen ist der Zeiten Raum
vergessen hast du, was du selbst erschaffen …«

Von dem hellen Sonnenlicht geblendet, taumelte Manuel einen Augenblick. Die Straßen am Picadilly Circus waren voller Menschen. Das junge Mädchen, das die Tanzschuhe über die Schultern geworfen hatte, überquerte gerade die Straße und kam direkt auf ihn zu. Ihr langes lockiges Haar war blond; sie hatte es zu einem Pferdeschwanz gebunden, der auf ihrer linken Schulter mit jedem ihrer federnd leichten Schritte auf und ab wippte.

Das Mädchen kam ihm direkt entgegen, und während sie an ihm fast wie in Zeitlupe vorüberging, blickte sie ihn offen und direkt an. Irgend etwas an der Art, wie die Sonnenstrahlen auf ihr Haar fielen, genau in dem Augenblick, als sie flüchtig seinen Arm streifte, sagte ihm, dass gerade etwas Nicht-Berechenbares geschah, etwas, das er bereits erlebt hatte und das doch weit in der Zukunft lag. Doch wieder wurde er abgelenkt durch das kleine Lied. Er war sicher, dass er es schon einmal gehört hatte.

»... doch willst du dich erinnern«,

hieß es dort gerade,

»dann tanze deinen Traum.«

Überrascht blickte Manuel dem Mädchen hinterher. Die rosafarbenen Satinbänder ihrer Ballettschuhe flatterten lustig im Wind. Fast wie zufällig drehte sie sich nach ihm um und lächelte ihm zu. Und in diesem Augenblick erinnerte er sich.

Nachwort

Wenn eine Geschichte entsteht, ist das immer ein kleines Wunder. Wenn daraus ein Buch werden soll, bedarf es der Hilfe von anderen und vieler kleiner und großer Wunder.

Eine *wunderbare* Fügung war, dass ich Tillmann Roeder kennen lernte, der mir mit professionellem Rat, konstruktiver Kritik und seinem enormen Wissen geholfen hat, der Geschichte »Tamalita« den letzten Schliff zu geben, und der die äußere Form des Buches maßgeblich mitbestimmt hat. Dafür danke ich ihm von Herzen.

Des Weiteren geht mein Dank an Baayork Lee, die weltbekannte Choreographin und ehemalige Broadway-Tänzerin (A Chorus Line), die sich 1994, als *Tamalita* lediglich als Skript existierte, ins Flugzeug nach München setzte, um mich kennen zu lernen, und an Janet Tyler, die mein Manuskript an Baayork, die sie zu diesem Zeitpunkt erst ein einziges Mal gesehen hatte, nach New York schickte. Ich danke Tom Becker, der mich in einer Zeit, in der ich an meinen schriftstellerischen Fähigkeiten zweifelte, zum Weiterzumachen ermutigte, und meinem besonderen Freund Dr. rer. nat. Uwe Graser, dessen (nicht nur wissenschaftlich fundierter) Rat für mich immer sehr wertvoll gewesen ist. Ganz besonders danke ich auch meiner wunderbaren, lieben Lehrerin Viola Ashi Schmidt sowie meinem von mir tief verehrten Lehrer Ron Lavin, durch deren Hilfe ich lernte, die Welt, die ich schon vor 13 Jahren gesehen und die ich in diesem Buch beschrieben habe, endlich zu verstehen und zu erfahren. Ebenso danke ich meiner Familie, die mich mit ihrer ganzen Kraft unterstützt hat, und auch allen anderen, die mitgeholfen haben, dass dieses Buch entstehen konnte.

www.tamalita.de
www.astro-seiten.de